空海と唐と三人の天皇

小林惠子

祥伝社黄金文庫

本作品は平成23年6月に小社より刊行された『空海と唐と三人の天皇』を加筆・修正し、文庫にしたものです。

文庫版のためのまえがき

このたび、高野山《こうやさん》開創一二〇〇年に際して『空海と唐と三人の天皇』が文庫化されることになり、あらためて本書を読んでみました。私がまず気づいたのは、桓武《かんむ》朝と吐蕃《とばん》（チベット）の共闘関係が明確にされていないということです。

唐は桓武朝の成立を認めないので、安殿《あて》親王（後の平城《へいぜい》天皇）は東北や半島などの兵を指揮し、三回にわたって大陸に遠征します。この時、私の推測では、空海が今で言う参謀として加わっていました。同時期、吐蕃も西・北から唐に反抗していました。

吐蕃とは五八一年、チベット高原にソンチェン・ガンポ王（六四九年没）が建国した国に始まります。ガンポ王の制定した「十六条清浄《せいじょう》人法」は聖徳太子の十七条憲法に影響を与えたと言われていますが、ガンポ王と聖徳太子（私見では突厥《とっけつ》可《か》汗《かん》達頭《タルドウ》）は、ほぼ同時代人ですから、あり得ると思います。

この後、初唐時代にチベット王国は唐室の女性と結婚したりして、初めは順調でした。しかし、やがて唐に滅ぼされます。残ったチベット民族は東西に散り、唐を悩ます周辺民族となります。桓武朝時代の吐蕃は現在のチベット人と違い、多様な民族が入り混じっていたと言われています。

安殿の三回目の遠征は八〇一年ですが、この時の吐蕃の大将は六六八年に高句麗《こうくり》を滅ぼした唐将、李勣《りせき》の子孫でした。李勣の子の代に則天《そくてん》（武《ぶ》氏）の怒りに触れ、一家離散した中の一人だったのです。

桓武朝と吐蕃との関係は、京都の祇園《ぎおん》祭で最も古いとされる山鉾《やまほこ》（長刀鉾《なぎなた》）がわずかに証明しています。その山鉾を飾る小さな織物は、チベット高原にしか存在しないカモシカの毛から織られたものなのです。

このような事例から、安殿親王は当時、吐蕃と呼応して反唐戦を繰り広げていたと私は想定します。

このことを念頭に置いて本書をお読みいただければ、ご理解がより深まると思います。

二〇一五年三月

小林恵子《こばやしやすこ》

目次

第二部　平城天皇は新羅王になっていた　75

第三部　「三人の天皇」をつなぐ空海　147

カバーデザイン／中野岳人
カバー写真／弘法大師坐像（萬日大師） 高野山霊宝館

【凡例】

■史料はすべて旧暦、数え年である
■注記を付した以外の引用は『日本後紀《にほんこうき》』及び『続《しょく》日本後紀』による

序

桓武《かんむ》天皇が崩じたと発表のあった日、東宮殿《とうぐうでん》の寝殿の上に血が灌《そそ》がれた、と正史『日本後紀』（以下『後紀』）にみえる。民間の物語本ならば別だが、平安時代に入ると日本の正史には、このような荒唐無稽な天変地異の讖緯《しんい》説（治世の凶悪を暗示する予言）的記述はめったにみられなくなる。あえて正史がそれを記したのは、絶対に表沙汰にできない事件であり、暗示に留《とど》める他、方法がなかったからだ。

東宮殿とは桓武の皇太子・安殿《あて》親王の館をいい、桓武没後、即位したのは安殿親王、つまり平城《へいじょう》（前著『桓武天皇の謎』では『へいぜい』としたが、本書では『へいじょう』に統一する）天皇だった。

この異変を讖緯説から解釈すると「水が血と化すのは殺戮《さつりく》が親戚にまで及ぶ時である」（『後漢書《ごかんじょ》』志一五）という。血の雨が降ったのである。血は血縁を意味しているし、没したのは桓武だから、血縁の安殿皇太子が父の桓武を殺害したという暗示になる。

即位をめぐる争いで息子の皇太子が父親の天皇を殺すなどとは後年の日本では考えられないことだから、当然、朝廷では極秘のうちに闇に葬るしかない。しかし、暗示は残した。この事件をたとえ暗示にしろ、記録に留め、『後紀』の成立に関係した藤原緒嗣《ふじわらのおつぐ》や冬嗣《ふゆつぐ》らは、同時代人であるだけに苦渋の選択が思いやられる。

ただし暗示だけで平城が桓武を殺したとするならば、もちろん歴史学とはいえない。秘中の秘であるこの事件をどこまで傍証で固められるか。平城の父親殺しが真実であるとするならば、その理由は何だったのか。その解明が本書の目的の第一である。

第二に、桓武の次に即位（大同《だいどう》元・八〇六）した平城の、理由不明な三年一カ月後の譲位である。普通は平安時代中期以後の藤原氏の全盛時代から勘案して、藤原氏が譲位させたと考えられている。しかし当時の藤原氏にそれほどの力はまだない。「安《あん》・史《し》の乱」（安《あん》禄山《ろくざん》の乱）に加担した藤原仲麻呂《なかまろ》一族が七六四年に滅ぼされてから、仲麻呂が藤原氏を代表して掌握していた財力や軍事力は、そのまま仲麻呂以外の藤原氏が継承できたわけではなかった。

山部王《やまべ》（後の桓武天皇）が仲麻呂滅亡の一翼を担《にな》い、父の白壁王《しらかべ》（後の光仁《こうにん》天皇）を即位させたことで軍事を伴う実権を光仁・桓武朝が握った。いわば桓武朝は王政復古の一時期だったといえる。藤原宇合系《うまかい》（式家《しきけ》）の藤原氏はもともと国際的に活躍した血統だったから、当時、宇合側の是公《これきみ》・百川《ももかわ》らが桓武の側近として重要視された。もちろん桓武天皇は本人自身、国際的に活躍した人だったから、式家と他の藤原氏との間には溝があったようだ。その式家（宇合の系統）も藤原百川をはじめとして、桓武の近臣としてのみ重用されたのであって朝政を左右するほどの権力を持っていなかった。つまり臣下として桓武の絶対的権力に依存していたにすぎない。明らかに仲麻呂全盛時代よりも藤原氏の権力は後退していたのだ。したがって当然ながら後年のように藤原一族の主導によって天皇の即位も譲位も決めるという時代ではなかったのである。

桓武以上に国際的に活躍し、唐国をもって範とし、師とする息子の平城天皇（安殿親王）は唐の皇帝がそうであったように、即位すれば専制君主として振舞うのが当然と考えたようで、即位するやただちに王族や藤原氏の山野独占を禁止した。即位の翌八〇七（大同二）年に、平城は桓武の第三皇子、伊予《いよ》親王を謀反《むほん》の罪で母子とも毒殺させた。伊予の母は桓武朝初期の右大臣是公の娘だから、日本における桓武の子弟の中では年長者と思われる。平城が即位すると、伊予はその位を最も脅《おびや》かす存在であったことは間違いない。

桓武朝略系図

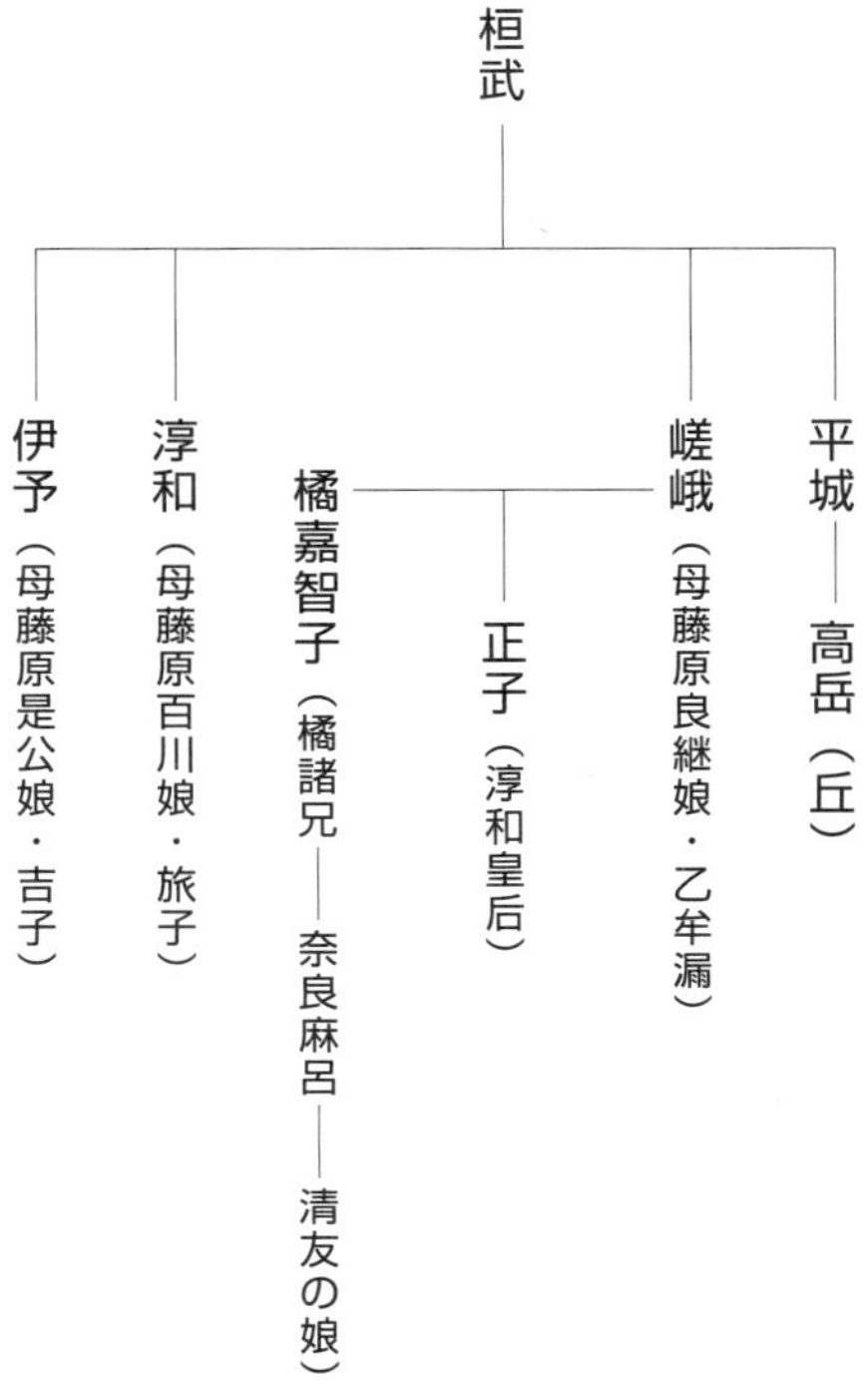
桓武
平城
高岳（丘）
嵯峨（母藤原良継娘・乙牟漏）
正子（淳和皇后）
橘嘉智子（橘諸兄
奈良麻呂
清友の娘）
淳和（母藤原百川娘・旅子）
伊予（母藤原是公娘・吉子）

平城はこのように容赦なく権力を行使したが、平城の治世に反対意見を持っていても、表立って平城に対抗するだけの勢力は藤原氏にはまだなかった。それに長年、平城の忠臣だった坂上田村麻呂《さかのうえのたむらまろ》が今で言う近衛《このえ》兵団の長として、常に平城の身辺を警護していたこともあっただろう。にもかかわらず、平城はわずか三年一カ月後に譲位させられた。

平城が即位すると、それまでの右大臣、神王《みわおう》は没し、平城の即位に貢献した藤原内麻呂《うちまろ》が右大臣になった。右大臣は当時、臣下として最上位の地位である。しかも内麻呂は藤原氏の氏《うじ》の長者で北家《ほっけ》（式家、南家《なんけ》、京家《きょうけ》と共に藤原四家《しけ》の一角）だったが、一応、平城即位は式家を含めた藤原氏の総意であったとみてよい。北家の内麻呂はこのように初めは平城に取り入って、次第に式家を巻き込み、やがて平城を孤立させていく。初めの頃の内麻呂らは平城の臣下としての立場を守っており、遣唐大使だった藤原葛野麻呂《かどのまろ》が最後まで平城に付き従った事実からみても平城譲位の主犯を藤原氏一族に帰すわけにはいかない。

では平城の譲位と追放は誰によって主導され、どのような経過をたどったのか。

第三の問題は、平城は没するまでの一四年間という長きにわたって、平城（奈良）京に幽閉されたとあるが、はたしてそのとおりだったのか。当時、平安（京都）京は遷都から

藤原氏略系図

※四家のうち、式家（宇合）・北家（房前）を中心に

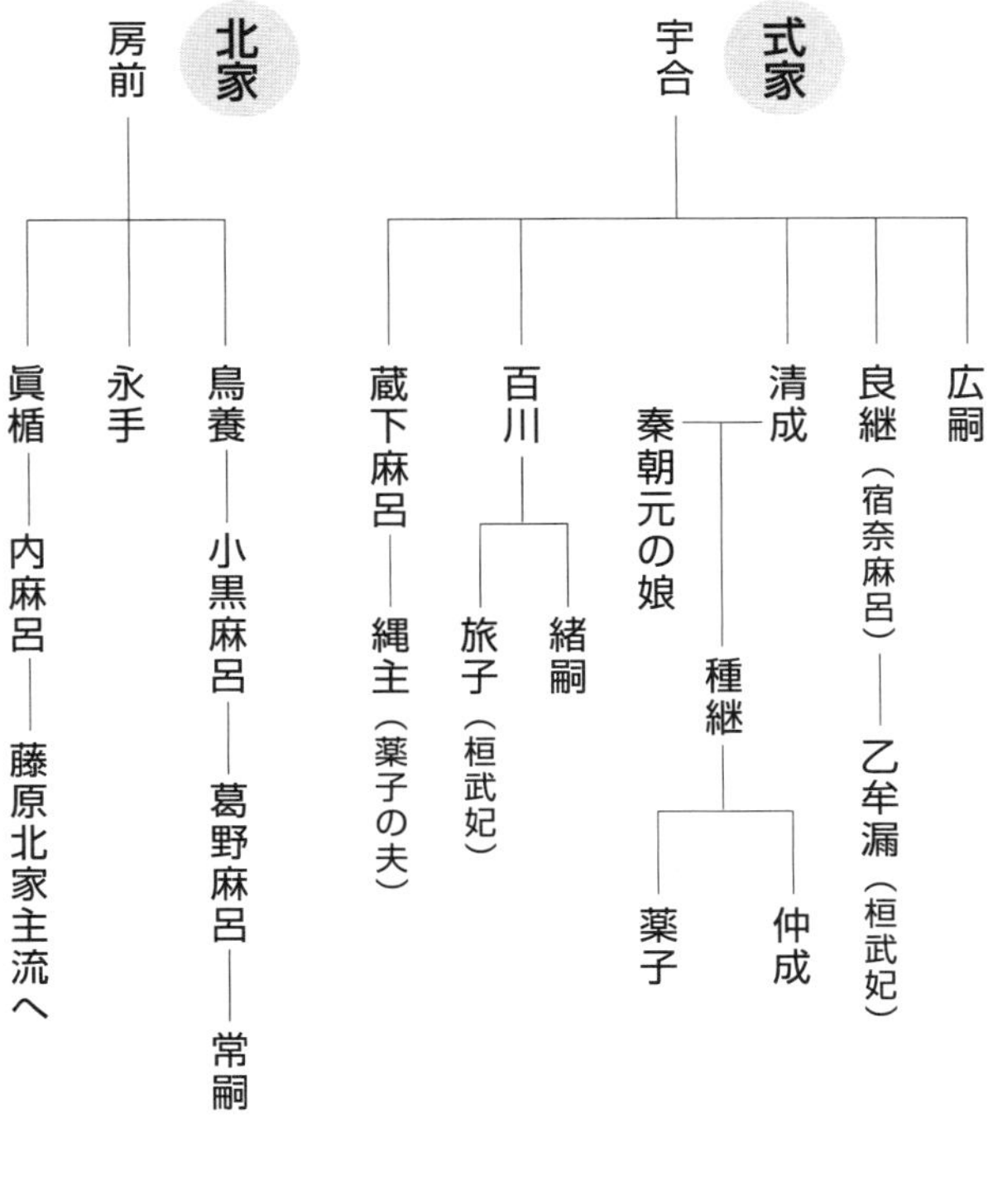

まだ一〇年余だった。実際には旧都平城京の方が、はるかに首都としての機能を備えていたはずだ。それを裏付けるのは唐が長安《ちょうあん》と洛陽《らくよう》の二都制を敷いていたように、平城天皇は平城京と平安京の二京制を計画していたことだ。つまり平城京はいまだ首都としての機能を備えていたから、罪人を幽閉する場所としてふさわしくないのである。

もし平城が本当に平城京にいたとしたなら、日本には二人の天皇が存在したことになる。このことは平城の後を継いだ嵯峨《さが》天皇にとって極めて危険である。私見では一時期、平城京に幽閉されていたが、平城天皇は間もなく平城京を去った。ではどこに行ったか。

第四として意外に思われるかも知れないが、生涯を通じての平城と空海の緊密な関係がある。出自に謎の多い平城だが、七七四（宝亀《ほうき》五）年生まれで空海と同年であることははっきりしている。そして若き日、空海は平城と行を共にした時期がある。二人が別れてから数え年で一七年後、窮地にあった平城に灌頂《かんじょう》（密教の得度の儀式）したのも空海だったのである。大陸的で刑罰も厳しい人物であり、大和《やまと》朝廷にとって異端者だった平城を、なぜ空海は終生、信頼し、誠意を尽くしたのか。

空海もまた謎の多い人物といわれる。第一に、空海は僧侶になった若い頃、約五年間、消息不明だった時期がある。その後、空海は突然、三〇歳の時、遣唐大使藤原葛野麻呂の率いる遣唐船で、最澄《さいちょう》のような朝廷に命じられた官僧ではなく、学問僧の一人として入唐《にっとう》した。それから一私度僧《しどそう》（個人の意志で得度した人）に過ぎないにもかかわらず、密教の高僧にして唐の皇帝が深く帰依《きえ》していた恵果《えか》から、わずか半年の間に最高位の弟子として遇されたのだ。しかも莫大《ばくだい》な教典や仏具、さらに密教の灌頂など最高の仏教の法を恵果から授けられ、帰朝している。このことが空白の一時期と共に、空海研究者にとっていまだに解けぬ謎になっている。巷間《こうかん》では所在不明な時期に海賊をして莫大な富を得て入唐し、恵果に献上したので厚遇されたという噂《うわさ》さえあるくらいである。

さらに平城と空海の関係からみて不思議なのは、空海はこのように恵果に厚遇されて帰国しながら、しばらく九州に留め置かれ、平城在位中には入京しなかったと考えられていることである。僧籍は東大寺《とうだいじ》にあったにもかかわらず東大寺にも帰らなかった。この後、空海は嵯峨天皇時代になっても、京都周辺の高雄山寺《たかおさんじ》や乙訓寺《おとくにでら》に滞在したが、入京はしていない。後に東寺《とうじ》の建立にかかわったが、その後は高野山《こうやさん》に籠もってしまい、京中に住むことは生涯なかった。その理由は何だったのか。これらの疑問の真相に迫るのが本書の目的である。

平城天皇を語るには、その前に父の桓武天皇時代の知識がなくてはならないが、詳細は前著『桓武天皇の謎』に譲る。ここでは以下、私見を基に要点のみ記憶に留めていただきたい。

●山部王（桓武）は七八一（天応《てんおう》元）年四月、父光仁天皇の譲位を受けて即位したことになっているが、光仁は七七八（宝亀九）年以前に没している。光仁の喪が伏せられたのは皇太子の山部王が新羅《しらぎ》の宣徳《せんとく》王として新羅におり、日本に定着していなかったからである。

七八〇年以後、山部王は新羅の宣徳王として即位し、中国東北部に盤踞《ばんきょ》する土着勢力の朱泚《しゅせい》と共に、半島から列島に南下する異民族の吐蕃《とばん》などの侵入を防いでいた。

●七八四（唐・徳宗《とくそう》の興元《こうげん》元・延暦《えんりゃく》三）年四月、反唐として蜂起した朱泚は唐側の吐蕃に攻められ、逃亡途中で殺された。朱泚が敗北した同年同月、宣徳王だった山部王は新羅王を退位することを表明した。日本に定着するつもりで新羅を離れたらしい。同年一一月にはまだ、未完成の新都長岡《ながおか》京に入った。

●翌七八五（延暦四・宣徳王六）年一月、「新羅本紀《しらぎほんぎ》」（以下「羅紀《らき》」）によれば宣徳王が没した。『続日本紀《しょくにほんぎ》』によれば同（延暦四）年同月、山部王は桓武天皇として、ようやく正式に新しい首都長岡京で即位式を挙行した。桓武は光仁没後、約八年間、朝廷にあって実質的に治世していた早良《さわら》皇太子とその軍事的バックになっていた大伴家持《おおとものやかもち》一族を一掃し、独裁体制を敷いた。

桓武がただちに着手しなければならないのは東北に侵入する蝦夷《えみし》を含めた異民族勢力への対応だった。

●吐蕃などの外来勢力は早くも八世紀初めには東北に定着していたらしい。七三七（聖武《しょうむ》朝の天平《てんぴょう》九）年、東北で反乱が起こったので、鎮守将軍大野東人《おおののあずまひと》は帰服の狄俘《てきふ》（異民族の捕虜）、和我君計安塁《わがのきみケアルイ》を遣わして、反乱軍を慰撫《いぶ》させた。

「ケアルイ」という名は後に朝廷に殺された阿弖利為《アテルイ》に共通している。すでにこの頃、ケアルイ・阿弖利為一族は大和朝廷に帰属していたのである。

●即位式挙行から四年後の七八九（延暦八）年三月、桓武は腹心の紀古佐美《きのこさみ》を征夷大将軍として、各地から徴集した兵を多賀《たが》城に集め、阿弖利為軍の盤踞する胆沢《いさわ》城（岩手県奥州市）に出発させたが完敗した。桓武は朝廷側の軍勢では異民族勢力に太刀打ちできないことを痛感した。

●そこで桓武は政策上で一大転換を決意した。後に新羅の侍中《じちゅう》（近臣の中の最高位）になる若い息子の安殿親王（平城天皇、新羅名彦昇《げんしょう》《後の新羅憲徳王《けんとく》》）に、翌七九〇（延暦九）年から帰服した東北の蝦狄《かてき》を引率させて、中国に遠征させ、そこで唐側の新羅勢として吐蕃と戦わせた。

●七九二（徳宗の貞元《ていげん》八・延暦一一）年後半になると、唐側が攻勢に転じ、吐蕃は敗退した。唐側にあった安殿軍は勝利した。この勝利で桓武は国際復帰に自信を持ち、翌七九三（延暦一二）年の京都遷都を決めたようだ。

●しかしことは簡単に運ばなかった。唐朝は一度、新羅の宣徳王となった桓武をあくまでも日本国王として認知しようとしなかった。桓武と宣徳王が同一人物であることを認めれば、日本が新羅を支配下に置くことを是認することになるからである。この頃から唐の徳宗は安殿の中国での戦功を評価し、安殿を日本国王に任じることに決めたと思われる。

●八〇二（延暦二一）年四月、田村麻呂が帰服の狄、阿弖利為らを連れて上京してきた。しかし田村麻呂の必死の嘆願も空《むな》しく、同年八月に阿弖利為らは処刑された。『日本紀《にほんき》略《りゃく》』（以下『紀略』）には同年一一月甲寅朔《きのえのとらのさく》（朔とはついたち。一一月一日が甲寅の日ということ）に日蝕《にっしょく》があったとある。甲寅朔の日蝕は「肉親が功を争い、電撃的な殺人事件がある」（以下、干支《えと》による日蝕の解読は『春秋潜潭巴《しゅんじゅうせんたんは》』による）という暗示である。桓武は阿弖利為処刑の同年八月から一一月の間のいつの日かに殺害されたことになる。桓武の死は阿弖利為の処刑と密接に関係する。

以上、本書に至るまでの概略を説明した。

しかし桓武は八〇六（大同元）年三月まで生存していたことになっている。桓武の死を公表するまでの約三年半の間、日本は対外的にどのように動き、朝廷内でどのような経緯を経て、安殿は平城天皇として即位したのだろうか。そしてどのような経過で譲位に追い込まれたのか。また、一四年間の幽閉期間中に、果たして平城天皇は平城京に幽閉されたままだったのだろうか。もし平城京にいなかったとしたら、どこに行ったのか。なぜ史書はそれを隠したのか。

第一部　平城天皇と空海

第一章　平城天皇とは何者か

●桓武天皇の遺言とライバル伊予《いよ》親王の毒殺

序文で述べたように、阿弖利為《アテルイ》らが殺された八〇二（延暦二一）年八月から一一月までの約三カ月の間に、安殿《あて》は父桓武を暗殺したという讖緯《しんい》説的記述がある。その真相を追う前に、安殿とはどのような人物だったのか検証しなければならない。

安殿は七七四（光仁《こうにん》天皇・宝亀五）年、桓武と皇后藤原乙牟漏《おとむろ》の長子として生まれたことになっている。

しかし中世の書だが、『東宝記《とうほうき》』（第三・鎮守八幡宮）に次のような話が載っている。

「桓武天皇は遺言で平城・嵯峨《さが》・淳和《じゅんな》三人の兄弟が各一〇年くらい、天下を治めるようにと定めた。そこでまず平城が即位し、嵯峨は皇太子になった。ところが平城は即位すると、密《ひそ》かに第三子の高岳《たかおか》親王（『東宝記』の表記により、ここでは「岳」とする）を皇太子に立てようと考えた。高岳（丘）立太子の件は朝廷でも内密にされたが、高岳は立太子の報告のため、桓武の廟《びょう》に七日七夜、祈願をした。ところが七日目になると天下が急に暗くなり、霧や雲が覆《おお》って人の顔も見分けがつかないほどになった。そこで高岳の立太子祈願を朝廷が諸国に問うたところ、平城が王位に就いたことに諸国の神々（大小神祇《じんぎ》）が大いに怒り、憤慨しているという諸国一同からの報告があった。平城天皇は殊《こと》に恐怖され、天下を治めること五年にして以後、皇位を捨て、譲位（本文には『御脱履』とある）した」とある。確かに安殿が即位した時の皇太子は嵯峨だった。

この文章をみると最初は平城即位を是認していたが、平城が密かに自分の子の高岳（丘）の立太子を計画すると、諸国の神々が高岳の立太子のみならず、平城即位に怒ったというのである。この場合の神々とは当時の世論と解してよいだろう。朝廷をはじめ諸国の人々は平城の次に嵯峨が即位すれば、平城の子孫が即位することはないからこそ、不承不承、安殿が天皇になることを認めた。世論は安殿（平城）の子が即位するなど、もっての外のことだったのである。

しかし『東宝記』には伊予《いよ》親王の記載がないところをみると、伊予が殺された後になって書かれたことがわかる。平城即位時の最大のライバルは伊予親王だった。

八〇六（大同元）年三月に安殿親王が即位して平城天皇になったが、翌大同二年一一月、平城は謀反《むほん》を計画したとして伊予親王母子を捕らえ、毒殺させた。伊予は延暦一五（七九六）年一月に帯剣をして近侍することを許可されたとある。おそらく伊予はこの頃、成人と認められたのだろう。したがって平城よりは年少だが、藤原氏が母である桓武の子弟の中では最も年長者と考えられる。桓武の伊予に対する信頼を窺《うかが》わせるとともに、伊予は武にも秀でた人だったことが想像される。しかも桓武は何度か大井川のほとりにある伊予の別宅大井荘を訪問している。

伊予の母吉子《よしこ》の父、藤原是公《これきみ》は桓武が日本に定着する前後の右大臣だった。是公の決断が桓武の新羅《しらぎ》からの帰国を促《うなが》し（『桓武天皇の謎』）、早良《さわら》皇太子が流罪に処せられる結果になったともいえる。伊予は皇太子ではなかったが、母方の祖父是公の権威で、他の兄弟より重んじられていたことは確かである。もしかすると桓武の頭の中には安殿新羅王・伊予日本王の構想があったのかも知れない。安殿さえいなければ伊予が立太子しても不思議ではないとしたら、伊予の周辺に平城打倒の陰謀が渦巻いていたことになる。

●猜疑心《さいぎ》が強かった天皇

平城の人となりについて『類聚国史《るいじゅうこくし》』（帝王五・以下『類史』）に次のようにみえる。

「天皇は天長元《てんちょう》（八二四）年七月七日（甲寅）に没した。天皇は冷静沈着にして俊敏、智謀は深く、あらゆることに精通し、万機をすべて自分で取り仕切った。自己に厳しく精励努力し、高価で珍奇な品物を捨て去り、浪費を省《はぶ》いた。法令は厳正なので群臣は粛然として従った。いにしえの王といえども群臣に対する厳正さは平城には及ばないだろう。ただし、猜疑《さいぎ》心が強く寛容ではなかった。即位して間もなく、天皇は伊予親王母子を殺し、連座する者が数多くいた。ときには淫刑（不明）をなした。後に寵愛《ちょうあい》する女性（薬子《くすこ》）に政治を委ねた。まさに牝鶏《めんどり》が夜明けを告げたのである。誠に惜しいことである。春秋五一。天推国高彦天皇《あめおしくにたかひこ》」

薬子は平城の皇太子時代の女官で、自分の娘が平城の後室に入った後も平城と関係があったと言われている。『類史』は薬子の平城に及ぼした影響を大きくみているが、平城が薬子を重んじたのは平城の思いをさらに増幅して他者に接したからに過ぎない。

他の家臣のように自らの地位や富のために動いたのではなく、薬子が純粋に平城のために動いたことは間違いない。薬子の言動は平城の思いをより強く体現していたと言える。平城にとっては、本当の意味で心を許せる忠臣は薬子以外にいなかったのではないか。『類史』はもちろん、そのことは知った上で平城を擁護するために薬子に全面的に罪を被《かぶ》せたのだろう。

君主が女性の魅力に溺れて国を滅ぼしたという話はロマンチックだが、あったとしても暗愚な君主に限られる。当時の厳しい情勢の中にあって父桓武を助け、中国に遠征し、日本に対して常に疑心を持つ唐から桓武朝を守り通した平城にはあてはまらない。

安殿の性格の一面を窺わせる記載は『後紀』（大同三年六月条）にもみえる。安殿がまだ皇太子時代、右大臣藤原継縄《つぐただ》と百済明信《くだらのみようしん》（桓武の寵臣）を両親に持つ乙叡《たかとし》が宴会でたまま酒を吐き、おそらく安殿の衣装を汚したのだろう。このことをわざとしたと思ったか、深く根に持った安殿は乙叡を伊予親王の謀反に連座させた。後に放免になったが、乙叡には身に覚えのないことなので、深い憂愁に沈み四八歳で没したという。日本の朝廷に馴染《なじ》めない安殿は何かにつけて疑心暗鬼だったようだ。

ただし平城の伊予殺害も、性格も、直接、譲位とは結びついてはいない。藤原氏を含めた朝廷の重職にある人々は、桓武が他戸《おさかべ》親王母子や早良皇太子を殺したのを傍観したように、おそらく平城が伊予母子を毒殺するのを恐怖しながら黙認しただけだっただろう。このことは、八〇九（大同四）年四月に平城が譲位すると嵯峨天皇が即位したのだが、この時、平城の第三子である高丘（以下、『東宝記』によらないので「丘」とする）が立太子していることでわかる。平城は譲位にあたって嵯峨を即位させる条件として、息子の高丘の立太子を求めたとみえる。

したがって『東宝記』にいう高丘立太子反対の世論や、伊予母子毒殺という理由によってのみ、平城は譲位したわけではないことは明白である。平城が譲位せざるを得なくなったのは藤原一族の総意でも、世論のせいでも薬子との関係のせいでもない。決定的だったのは唐の憲宗《けんそう》が一時、抱いた平城に対する怒りと、平城が阿弖利為を通じて持っていた東北の軍事力の消滅だった。

●母方に流れる異民族の血

それにしても、なぜ平城父子は藤原氏のみならず日本人に受け入れられなかったのか。結局、高丘皇太子は立太子から五〇年以上経《へ》た清和《せいわ》天皇時代の貞観《じょうがん》四（八六二）年七月に日本から追放され、唐に亡命して帰国することはなかった。この頃の唐は完全に衰亡に瀕《ひん》し、ほとんど日本への影響力をなくしていたにもかかわらず、高丘は入唐《にっとう》するしかなかった。要するに高丘は唐のバックなしに日本に定着できなかった人なのである。

高丘が日本を離れた年の一二月、息子の在原善淵《ありわらのよしふち》なる人が桓武の山陵を望んでひれ伏し、昔の栄華を思い悲嘆にくれていた。おそらく父親高丘が日本から追放されたことを悲しんでいたのだろう。この時、善淵がふと気配を感じて顧《かえり》みると、高丘の屋敷跡に中国風の王冠を被《かぶ》った「胡顔《こがん》」の人物がほのかに見えたという（『日本三代実録』貞観四年一二月条）。「胡顔」の人とは、おそらく高丘を言うのだろう。胡とはペルシアやソグド（西アジアのソグディアナからくる民族名。商売に長《た》け、八世紀になるとアムール河沿いに東アジアまで往来していた）系の人を言うから、高丘は異国風な風貌をしていたと思われる。

また、高丘だけではなく、白壁王《しらかべ》（光仁）が東北に遠征した年と思われる七三七（天平《てんぴょう》九）年に桓武は生まれているから、桓武にも母方から吐蕃《とばん》などの異民族の血が流れている可能性があるが、高丘の父で桓武の息子の平城も、母方から異民族の血が流れていたらしい。桓武は光仁以上に数多く東北に遠征していたからである。

平城という名称は旧高句麗《こうくり》の首都、平壌《へいじょう》からくると思われるが、かつての北魏《ほくぎ》の都、華北の平城《へいじょう》（現在の大同《だいどう》市）にも通じる。平城天皇とはまさに国際的漢風諡《おくりな》なのである。そして平城が在位した時の年号は「大同」である。偶然だろうか。

●安殿（あて）親王と阿弖利為（アテルイ）の相似は何を意味するのか

前著（『桓武天皇の謎』）で述べたように、山部王《やまべ》（桓武）の画策で宝亀三（七七二）年五月、他戸親王が皇太子を廃された。天智系の大野東人《おおののあずまひと》が東北を治めていた頃からの伝統で、東北は反天武、反朝廷側にあったから、何かと夷狄《いてき》が朝廷に反乱を起こした。他戸の廃位は夷狄が朝廷に反乱する口実となったのである。そのため同年九月、大伴駿河麻呂《おおとものするがまろ》が陸奥按察使《むつあぜち》として奥州に出兵している。山部王もこの戦いに参戦して勝利したらしく、翌光仁天皇の宝亀四（七七三）年一月に立太子した。

しかし唐は、独断で天武系の光仁天皇（光仁が天武系であることは前著『桓武天皇の謎』で説明した）が即位したことに反対だったのみならず、唐に反抗する地方軍閥の朱泚《しゅせい》側にある山部王の立太子に強く反発した。そこで渤海使《ぼっかい》を通じて抗議してきた。ところが山部王は唐の反対を押し切って立太子したのみならず、新羅宣徳王《せんとく》になり、朱泚が殺されると帰国して桓武天皇として即位した。このことは唐にとって許しがたい暴挙だった。つまり桓武天皇は「仲麻呂の変」で仲麻呂を滅ぼして頭角を現わし、奥州で夷狄と戦い、実力で即位を勝ち取って、唐の介入を排したのである。後に阿弖利為征伐の時、細かい地勢について指示をしているが、このことは本人が何度も直接、奥州に出かけて戦っていなければ

黒水靺鞨
黒竜江
渤海
上京龍泉府
中京顕徳府
鴨緑江
東京龍泉府
西京鴨緑府
南京南海府
平壌
新羅
慶州
日本
平城京
大宰府

八世紀から九世紀にかけての東アジア

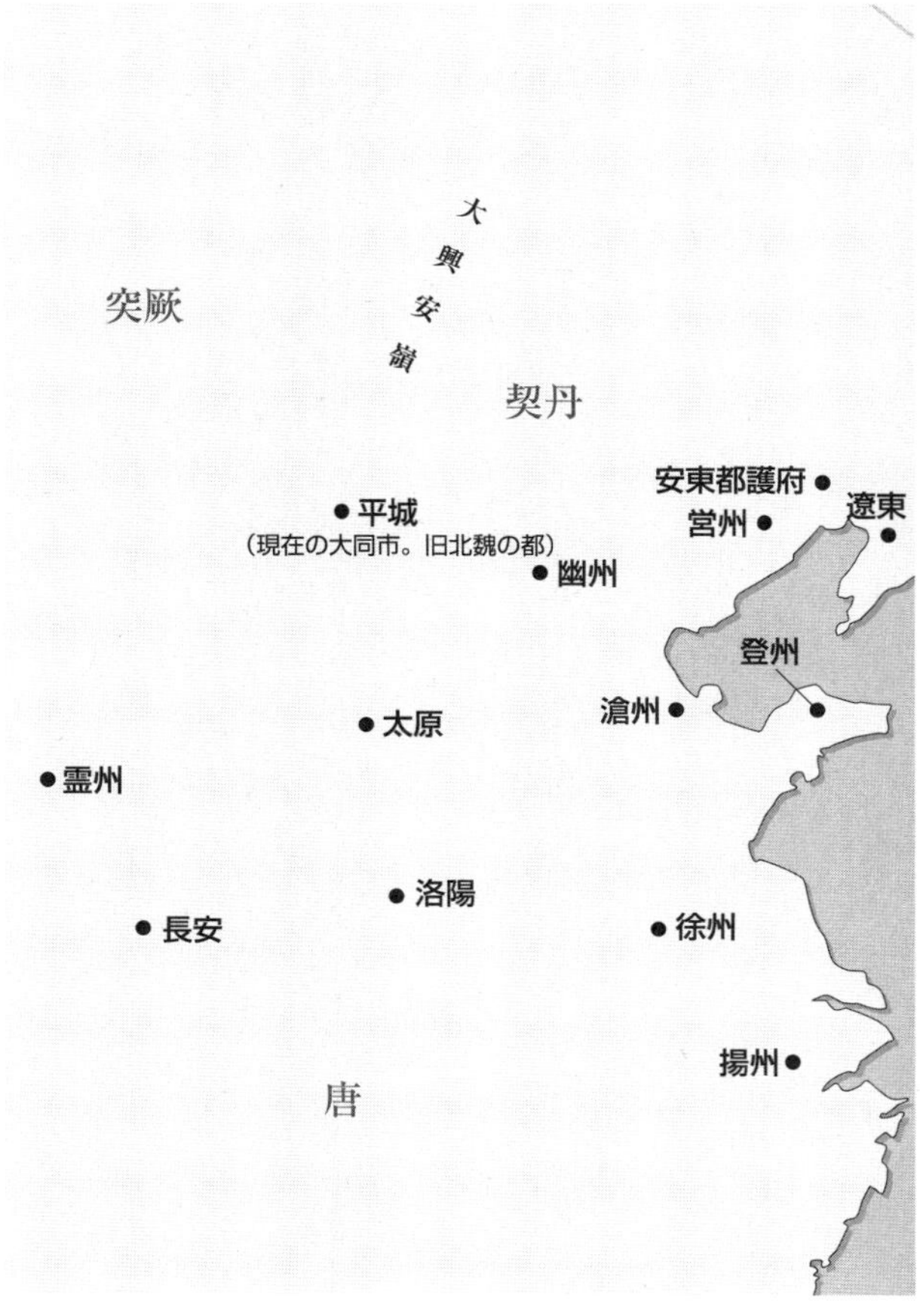

できることではない。

翌年の宝亀五（七七四）年に安殿は生まれている。山部王は宝亀三年九月に大伴駿河麻呂が出兵した頃、駿河麻呂と兵を合わせ、再び反朝廷側になった狄《てき》（北方の異民族を言う。この場合、吐蕃のアテルイ）、おそらく阿弖利為一族と戦ったのだろう。そして阿弖利為らとの和平の誓いとして、阿弖利為一族の女子を娶《めと》った。これは山部王の出生の場合と同じである。和平の際、勝者が敵方の子女をもらい受けることは当時、普通に行なわれていた。いわば政略結婚である。この女子から生まれたのが安殿だったのではないか。

私見によれば、阿弖利為が処刑されて間もなく桓武は息子の安殿に殺されているところからみて、安殿は母方を通じて阿弖利為と血縁関係にあったことは間違いないと思う。阿弖利為のルーツは多くの遊牧民の発祥の地である、かつての北魏の都、華北の平城あたりだったのではないだろうか。阿弖利為の読みは「アテル（リ）イ」だが、安殿もアテと発音するのは偶然ではないようだ。

●「狼が宮殿の前の通りを走った」

当時、最も勢力を持って東北に侵入してきたのは吐蕃だった。阿弖利為が吐蕃だったことは、前著（『桓武天皇の謎』）でも述べたが、次の理由による。

吐蕃と唐は七八三（徳宗《とくそう》の建中四・延暦二）年、一時和平したが、その誓いの場が中国の清水《せいすい》（秦州・現在の天水《てんすい》市の東北）という場所で、「清水の誓い」と言われている。後に延暦八（七八九）年の戦いで、朝廷と阿弖利為は和平して、その後一三年間、両者の間で戦いがあった様子はない。朝廷の要請で延暦二一（八〇二）年に阿弖利為は坂上田村麻呂に伴われて上京した。阿弖利為は信頼する田村麻呂の説得があったからこそ上京し、田村麻呂も誠意をもって阿弖利為を上京させたのに、ただちに処刑されてしまった。

私は田村麻呂が発願したと言われている清水寺《きよみずでら》は本来、田村麻呂が阿弖利為の冥福と自らの贖罪《しょくざい》の思いを込めて建立した寺院と考えている。そして唐と吐蕃の和平の場だった清水という名称の寺院にしたと考える。田村麻呂は清水寺を日本と吐蕃の和平の記念にしたかったのではないだろうか。このことから阿弖利為一族は土着の蝦夷ではなく、東アジアで勢力を持ち始めた七世紀末から八世紀初頭にかけて、新たに東北に侵入した吐蕃だったと考えられる。ただし吐蕃の前に活躍した突厥《とっけつ》の血も流れていたようだ。吐蕃は突厥の後に勢力を張った遊牧系民族なので、阿弖利為が突厥と混血していても不思議はない。

私が阿弖利為に突厥の血脈があるという理由は、阿弖利為が処刑された延暦二一（八〇二）年八月の前月、七月一〇日に阿弖利為らが田村麻呂に連れられて入京し、二日後の丙寅（一二日）に「狼が朱雀《すざく》通りを走って人に殺された」とあることだ（『紀略』）。

これには二つの意味があると思う。一つは狼で、狼は突厥のトーテムである。阿弖利為が上京した時にこの条があるのは、阿弖利為を突厥系遊牧民と朝廷の人々が考えていた証拠だろう。ただし七世紀にあれだけ活躍した突厥も、この頃は吐蕃に押されて唐に反抗するだけの勢力はなく、多くは唐軍の中に埋没したか、あるいはソグド人と混血し、ソグド系突厥（六州胡《ろくしゅうこ》など）と呼ばれ、唐側や吐蕃、回鶻《かいこつ》（ウイグル）などのそれぞれの勢力の兵となっていた。「安・史の乱」などではソグド系の安禄山側に加わって重要な戦力になっている。阿弖利為もソグド系突厥であるならば、ソグド系の血脈もあるということである。結論として阿弖利為は華北の平城をルーツとする突厥・吐蕃など雑多な混血をした遊牧系民族だったと推定される。

二はその狼が宮殿の正面に通じる朱雀大路を走ったということである。宮殿の南は「天子南面《なんめん》す」というように宮殿の正面で、天皇が坐《ま》す場所の前の通りである。そこを狼が走

「清水寺」命名の由来

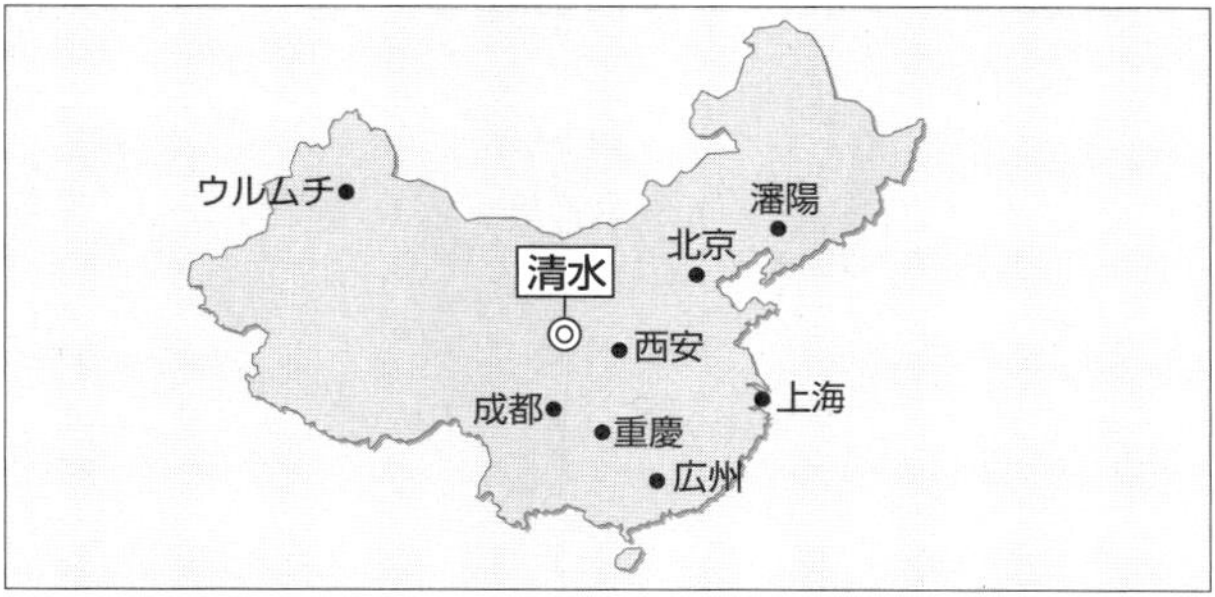

坂上田村麻呂が日本中にわき出る「清水」をあえてこの寺の名に冠したのは、吐蕃の将、阿弖利為を追悼するためだったと考える。東北地方に侵攻し、朝廷軍と戦っていた阿弖利為は田村麻呂に降服するが、田村麻呂の助命嘆願にもかかわらず朝廷によって処刑された。

唐の徳宗は783年、長安西方の地（現在の甘粛省天水市。西安から約300キロ）で吐蕃と和平の盟約を交わした。この盟約は地名から「清水（せいすい）の誓い」と呼ばれ、唐と周辺民族の間で平和が保たれたことの象徴であり、「清水」は和睦の原点である。

田村麻呂はこの故事から、阿弖利為への深い思いを「清水寺」の名に込め、日本と吐蕃の和平の記念としたのだろう。

ったという表現で、阿弖利為が朝廷を脅《おびや》かし、もしかすると日本が乗っ取られるという恐怖を朝廷の人々が感じていたことを意味しよう。

こうしてみると桓武・平城（安殿）、そして高丘、高丘については別に説明するが、前二者の母は東北に住み着いた遊牧民族系の女性、特に安殿の母は阿弖利為の血縁の女性だったと結論される。後に平城の子弟が徹底的に皇統から排除される最大の理由は母方の血脈にあるとみる。

●荒廃した東北の様子を伝える空海の手紙

安殿にとってみれば、反乱したわけでもないのに母方の一族が処刑された事実は重い。深く父・桓武に怨《うら》みを持ったことは間違いない。しかも母親の家系を殺されたという私憤だけではない。阿弖利為一族が滅ぼされるということは同時に、安殿の日本における軍事的なバックを失うことを意味する。その証拠は安殿が即位して実質三年一カ月の後、さしたる具体的な理由もなく皇位を去らざるを得なかったことである。桓武が阿弖利為を処刑したのは、阿弖利為が従えていた東北の吐蕃及び夷狄勢力を安殿が軍事に利用できなくするためでもあったと思う。

ほとんど東北一帯を支配していた土着の阿弖利為勢力が滅ぼされた後の陸奥周辺について、空海は弘仁《こうにん》六（八一五）年一月付の小野岑行《おののみねゆき》（陸奥守に任じられた）への手紙の中で、ほぼ次のように言っている。

「毛人《もうじん》・羽人《うじん》（おそらく夷狄）たちは猪《いのしし》や鹿の毛皮を着て、髻《もとどり》の中に毒矢（トリカブトの毒。中国東北部在住の靺鞨《まつかつ》が使う）を挟み、刀と鉾《ほこ》を持って馬に乗り、獣を追い、田も畑も作らず、たびたび村里に現われ、人々や牛馬を殺し、食している」（『遍照《へんじょう》発揮《ほっき》性霊《しょうりょう》集《しゅう》』以下『性霊集』巻一）。

阿弖利為が殺されて一三年後には東北はこのような有様になっていたのだ。阿弖利為という求心力を失った東北は朝廷がとても制御できる状態ではなく、夷狄たちは兵力になるどころか、山賊になり、野蛮で不毛の地と化していたのである。

おそらく桓武は朝廷に帰順して東北を支配していた阿弖利為亡き後、東北地方がこのような状態になることを予想していただろう。しかし桓武自身の出自は棚にあげ、母系に遊牧民の血が流れておらず、藤原氏のもとで、早く日本化した息子・嵯峨天皇以下の皇統に後顧《こうこ》の憂いをなくすという目的を優先させたとみる。

●天皇の諡に「彦」がつく理由

日本古代の王朝転換期にあたる主要な天皇の和風諡にはすべて「彦」がつく。たとえば私が中国東北部の扶余《ふよ》系民族とみている崇神《すじん》天皇の和風諡は御間城入彦五十瓊殖《みまきいりひこいにえ》であり、慕容《ぼよう》氏系と私がみている景行《けいこう》天皇は大足彦忍代別《おおたらしひこおしろわけ》、高句麗系と思われる神武《じんむ》天皇は神日本磐余彦《かむやまといわれひこ》という。そして平城の和風諡は天推国高彦《あめおしくにたかひこ》である。「彦」は「日子《ひこ》」なのである。ここに「高」があるのは平城が旧高句麗の首都平壌と深い関連があるからだろう。安殿親王がどこで生まれたかは分からないが、父親桓武が本拠としていた平壌で成人したことは間違いないようだ。

私は「羅紀」にみえる、当時の新羅を牛耳《ぎゅうじ》った彦昇《げんしょう》なる人物は安殿親王と考えているが、二者が同一人であることは、これからみていく両者の行為から証明できる。

安殿は『続日本紀《しょくにほんぎ》』に皇太子として、七九〇（延暦九）年に初めて登場する。そして「羅紀」に同じ七九〇（元聖《げんせい》王六）年、彦昇が唐に使者として行ったとある。まず安殿と彦昇は同時に史上に登場するのである。『続日本紀』には具体的にはみえないが、「羅紀」からみて、この年、安殿は唐に行ったらしい。

第二章　平城天皇は若き日、中国に遠征していた

●桓武は息子・安殿の戦勝を祈願する

この年、七九〇年は唐では徳宗の貞元六年だが、中国では吐蕃の勇者・遮遮《しやしや》なる者が出て、中国の西北部を荒らしまわり、北庭都護府《ほくていとごふ》（新疆《しんきよう》ウイグル自治区）を陥落させた。唐側の回鶻はどうすることもできず、唐の節度使《せつどし》らは逃げ出した。これ以後、北庭は唐の支配下ではなくなった。吐蕃勢力の最盛期だったのである。

吐蕃はもともと唐に反抗していたので、二年前の七八八（貞元四）年、吐蕃に対抗するため、徳宗はどちらかといえば親唐派だった回鶻可汗《かがん》（部族長。王ではないので何人もいる）の公主《こうしゆ》（この場合、部族長の娘）を後室に入れ、自分の娘・咸安《かんあん》公主を回鶻可汗に嫁がせた。このように唐室は回鶻と縁戚関係を結んで懐柔し、吐蕃に抵抗した（『旧唐書《くとうじよ》』徳宗下）。

日本は同延暦九（七九〇）年三月から、関東地方の諸国に命じて食料を集めさせ、一

方、大宰府《だざいふ》には甲冑《かっちゅう》を準備させた。対吐蕃戦のためである。同年九月には安殿の病のためと称して、京都の七寺で読経させた。この読経は安殿の中国遠征の戦勝祈願である。この後も安殿の病のためと称して、早良《さわら》陵に祈願させたりしているが、すべて戦勝祈願と考えるべきである。九月は伊勢《いせ》大神宮に奉幣《ほうへい》をする月だが、桓武自身は宮中に籠もって行なわず、日照りなどの禍《わざわい》は自分にあるとして、五畿内の田租を免じた。桓武は戦々恐々として、中国に出兵した安殿の勝利を願っていたのである。

桓武は前年の延暦八年、阿弖利為《アテルイ》に完敗してから、日本の兵力では唐に太刀打ちできないことを痛感した。そこで政策転換し、唐に貢献して正式に日本国王として認知されようとしたのである。

しかし桓武は唐から日本国王として認められていないので、公式に日本軍として唐の救援はできない。そこで平壌にいた彦昇（安殿）を七九〇年、新羅の大将として中国に出兵させた。兵団の中身は坂上田村麻呂が阿弖利為の協力のもとに東北でかき集めた大和朝廷側の夷狄（蝦夷《えみし》と阿弖利為など日本側の吐蕃など）だった。桓武は彦昇を大将として新羅軍を装い、兵は東北の蝦狄《かてき》をもって唐側として戦わせたのである。そしてついには唐への貢献をもって、自身の即位を承認させようという戦略だったようである。

●唐側として戦った貢献

彦昇は唐側の軍勢として戦ったのだが、この時、同じように唐側として戦ったのは回鶻だった。回鶻は最終的にはイスラム教になるように西アジアが発生の民族で、高鼻そして金髪碧眼《へきがん》が普通にいたようだ。私は胡顔の高岳（丘）親王の母は、彦昇と連合した回鶻可汗（遊牧民は部族に分かれて統一されていないから、自称も含めて可汗も複数いる場合が多い）の娘だったかも知れないと考えている。

平城（彦昇・安殿）天皇は徳宗の孫、憲宗の怒りを買い、わずか三年一カ月で譲位した。しかし短期間でも即位できたのは、彦昇が中国で唐側として戦った貢献を、徳宗が嘉《よみ》したからである。また、回鶻に嫁いだ徳宗の娘の咸安公主の力添えもあったのではないかと思う。というのは咸安が元和《げんわ》三（八〇八）年に没して、翌八〇九（大同四）年四月には平城が譲位しているからである。晩年の徳宗は平和主義で周辺民族すべてと和解政策を採ったから、徳宗の娘・咸安は父の遺志を継いで唐国のために戦った平城をバックアップしていたと考えられる。

彦昇の息子である高丘親王の生年は明らかでないが、『続日本後紀』（承和《じょうわ》二年正月条）

には「第三子」とある。平城譲位時に、大同四（八〇九）年には立太子しているから、当時としては成人に近く、おそらく彦昇が中国で戦っていた七九〇年から数年間の間に生まれたと思っている。

先に述べたように、高丘は胡人（ペルシア系）の風貌をしている人だったことからみても母系は回鶻だったかも知れない。

ただし高丘には吐蕃の血も流れているようだ。『続日本後紀』（承和二年正月条）に高丘を世の人は「蹲踞《そんきょ》太子」と呼んだとある。蹲踞とはもともと膝を折って、足と手を地につけ、頭を垂れる礼の作法で、貴人に対して行なわれた。今の相撲の蹲踞の姿勢とは違う。吐蕃も目上の人には両手、両足を地につけ、拝礼して犬の吼《ほ》え声を真似た声を出したという（『旧唐書』列伝・吐蕃上）。現在でいう土下座か平伏を言うのだろうか。桓武も平城も吐蕃の血が流れているが、高丘だけに世間がそういうのは、高丘が成人するまで日本にいなかったため、日本の習慣が身につかなかったせいかも知れない。ただし中世以後、平伏は武家社会で普通に行なわれていたので、高丘以後、日本に定着したとも言えよう。当時の朝廷は唐式の立礼だったようだ。

●長引く戦い、遅れる帰国

ところで安殿は、なかなか中国から帰国できなかった。

翌延暦一〇（七九一）年一〇月には安殿の病が治らないので、本人が伊勢大神宮に行ったとある。もともと桓武も平城（安殿）も伊勢との関係が強い。特に安殿・高丘の近臣には伊勢人が多いから、伊勢大神宮に祈願したのかも知れない。いずれにしても安殿は簡単には帰国できなかった。したがって安殿の病も「治らなかった」のだ。

唐は吐蕃戦でその後も苦戦していたのである。吐蕃は北庭を席捲《せっけん》すると、他の部族の吐蕃が西安《せいあん》の北西の霊州《れいしゅう》（寧夏《ねいか》回族自治区霊武《れいぶ》県西南）に侵略してきた。もともと、この地方はソグド系突厥の多く住む場所で、何度も吐蕃が侵略していた地域である。苦戦の末、唐軍はついに吐蕃の大将を捕らえ、七九二年後半に争乱は終焉《しゅうえん》に向かう。

同延暦一一（七九二）年六月に、桓武は安殿の病が長期にわたるのは早良皇太子の祟《たた》りであるという占いにより、淡路《あわじ》の早良皇太子の陵に奉幣させた。もちろん、これらの奉幣などはすべて安殿の病の平癒祈願ではない。中国で唐軍に交じって吐蕃と戦っている安殿軍の戦勝祈願だったのである。戦いが長引くので桓武は苛立《いらだ》っていたらしい。ついに翌七月に安殿軍は中国から凱旋《がいせん》したらしく、桓武は夷狄の入朝を迎えると称して、帰国した夷狄軍団（場所不明）を出迎えさせている。

新羅の元聖王にとっても、新羅人の出兵という犠牲を払わずに唐への功績になったのだから言うことはない。この実績を背景に、彦昇（安殿）は急速に新羅王室の実権を握るようになった。

日本に凱旋後、間もなく再び安殿は新羅に行ったらしく、七九四（延暦一三・新羅元聖王一〇）年二月に彦昇は新羅の侍中（王の最高位の近臣）になった。時の新羅王の元聖王は、もと宣徳王（桓武）の家臣だった人で、宣徳王こと桓武が日本の天皇になる時に禅譲された王だから、最初は彦昇との関係は良かった。続いて七九六（元聖王一二）年四月に彦昇は兵部令《ひょうぶれい》（軍事の最高責任者か）になった。

●二度目の中国出兵と新羅王の死

翌七九七（貞元一三・延暦一六）年五月、唐で再び吐蕃が蜂起したので、彦昇が新羅の総大将として、このたびは新羅人の軍勢を引き連れ、遠征したらしい。それは唐側の鎮圧軍を唐側が「東蕃《とうばん》」と記していることでわかる（『旧唐書』・吐蕃下）。東蕃とは東の蕃族だから新羅人も日本人もあてはまる。しかし「狄」、つまり北方を意味する吐蕃は含まれていないということである。

東蕃とあるところからみて、この時、新羅の兵部令だった彦昇（安殿）が率いた軍勢は新羅兵だったと推測されるが、もう一つ重要な理由は、この戦いの直前に東北で田村麻呂が夷狄を募集した様子がないからである。田村麻呂は前年の延暦一五（七九六）年一〇月、近衛少将兼鎮守将軍になったとある。近衛とは天皇の親衛隊を言うので、この時は桓武の護衛の長官として近侍しており、東北には遠征していないのである。

ところで中国の吐蕃の反乱は、東蕃を率いた刺史《しし》（地方行政官）の曹高任《そうこうにん》なる者によって徹底的に鎮圧され、吐蕃は三〇〇人もの死者を出して敗退したという。この東蕃兵を直接率いたのが彦昇（安殿）だったと私は考えている。その裏の証拠として、日本では同延暦一六（七九七）年五月条の『紀略』に「雉《きじ》が前庭に集まる怪異があったので、宮中と東宮で『金剛般若経《こんごうはんにゃきょう》』を僧侶に転読（経本を流し読む）させた」とある。雉が庭に集まるのは後継者が入れ替わる、つまり簒奪《さんだつ》者が現われる讖緯説的表現である（『漢書《かんじょ》』五行志中之下）。宮中は天皇である桓武を指し、東宮とは当時、皇太子とされている安殿のいる場所である。

『金剛般若経』は本来、金剛のように強い意志で煩悩を絶つという意味の経であるが、この場合、金剛のように強い力で戦うという意味にすり替えられているようだ。おそらく唐国で吐蕃（反唐の）と戦う安殿の戦勝祈願のために桓武が執り行なったのだろう。『紀略』のこの記事を表面的に解釈すれば、吐蕃という敵（雉）を退治する安殿親王の勝利のために祈願したということになるが、『紀略』の著者の真意は、「即位すべきでない外来系の桓武が即位し、さらに安殿によって日本は簒奪《さんだつ》され、不毛な国際戦争に巻き込まれている」と言いたかったのではないか。

彦昇は、少なくとも元聖王の没したとされる七九八（延暦一七・元聖王一四）年一二月までには新羅に帰国していた模様だ。その理由は同年同月の元聖王の死である。「羅紀」には元聖王の死の理由を暗示して「望徳寺《ぼうとくじ》の二つの塔が攻撃し合った」とある。望徳寺（二塔ある寺院で、新羅の王都・慶州《けいしゅう》市に存在した。日本では薬師寺《やくしじ》が二塔ある寺院の代表）は天武時代から始まる寺院で東塔は日本、西塔は新羅を象徴している。この東西の塔が攻撃し合ったという讖緯《しんい》説的表現は、日本と新羅の間に軋轢《あつれき》があったことを表明するものだから、元聖王の死に日本、この場合は彦昇が係わっていたことは間違いない。

新羅の元聖王としては、新羅人まで中国に遠征させた彦昇の専横を許せなかったのではないだろうか。そこで彦昇は武力で元聖王を脅かした。元聖王は七九八（元聖王一四）年一二月に没し、火葬されたと「羅紀」にある。しかし僧侶以外で火葬する習慣は新羅にはない。火葬なら陵墓を作るまでもないので、あるいは、元聖王は日本の圧力に耐えかね、孫の昭聖《しょうせい》王を即位させてどこかに亡命したのかも知れない。

この時、元聖王が死んでいなかった証明の一つとして、八〇〇年六月に昭聖王が没した時に「木が折れた」と、子が親に先立つ讖緯的表現があるからである（『漢書』五行志）。それに『資治通鑑《しじつがん》』（以下『通鑑』）には、同貞元一六（八〇〇・延暦一九）年一月条に元聖王が没したとある。これらから、元聖王は彦昇の帰国を機に孫の昭聖王に譲位していたことも考えられる。ただし新羅王にしても日本王にしても、王の死は唐への報告が遅れる場合が多いから、絶対的とは言えない。いずれにしても元聖王は彦昇に敗れたことに違いはない。

●最後の中国遠征

一方、唐では七九九（貞元一五）年の暮れから、再び吐蕃が蜂起していた。新羅があてにならなくなったので、桓武は再び東北の夷狄を遠征させることを考えたらしい。八〇〇（延暦一九）年一一月に田村麻呂を陸奥鎮守府将軍として東北に行かせ、諸国の夷狄を検《けん》校《ぎょう》（人口などを調べ統治すること）させることにしたとある。しかし、この時、田村麻呂が出発した様子はない。田村麻呂が征夷大将軍として節刀《せっとう》（天皇が全権を託すという意味の刀）をもらったのは翌延暦二〇（八〇一）年二月だった。蝦夷や狄を兵として軍備を整えようとしたが、簡単に夷狄が応じそうになかったので、そこで有無を言わさず服従させようとして、改めて征夷大将軍として田村麻呂を東北に送ったのだろう。

おそらく、この時、阿弖利為勢力は朝廷側の思惑どおり、簡単に参戦に応じなかったと思われる。阿弖利為一族は早くから奥州に土着していたとはいえ、本国の吐蕃と戦うのは本意であるはずがない。この時の阿弖利為の消極的態度が、後に阿弖利為が殺される直接の理由になったのかも知れない。ただし兵を集めればすむというわけにはいかない。

日本が新羅と不和になれば海路という交通路が新羅によって遮断される。この頃、彦昇（安殿）は兵部令として新羅で元聖王を追放したが、それでも新羅の海路は確保できなかったようだ。元聖王が生前から孫の昭聖王を新羅王に定めており、元聖王の死の翌七九九（延暦一八）年に昭聖王が即位したからである。昭聖王も日本の朝廷の意に沿う王ではなかったとみえ、昭聖王の生前に彦昇が出国した様子はない。

しかし先に述べたように、昭聖王は即位して一年半後の八〇〇（延暦一九）年六月に没した。しばしば台風は国難の予知とされるが、昭聖王の死の前後には暴風で屋根瓦が落ちたり、宮殿の門が壊れたなどとあるから、昭聖王も異常な死を遂げたようだ。「羅紀」が昭聖王の死の原因を明らかにしないのは、唐の承認を得ないで、後に新羅の憲徳《けんとく》王になる彦昇が独断で昭聖王を暗殺したからと思われる。その後すぐに昭聖王の太子の哀荘《あいそう》王が即位し、彦昇が摂政になった。哀荘王は彦昇が擁立した王だったとみえ、哀荘王が即位すると日本との関係はたちまち改善された。

親日の新羅哀荘王が即位し、東北の兵が集まると、彦昇はただちに八〇一（延暦二〇）年春頃、ようやく田村麻呂が徴集した夷狄を伴い新羅路を通って中国に遠征したと考えられる。しかしこの頃、唐の吐蕃との戦いは九月頃から唐側の勝利に向かいつつあり、同年中には完全に唐の勝利で決着した。

したがって彦昇（安殿）の一回目の中国遠征は七九〇年九月頃から七九二年七月頃までの二年足らずと推定され、二度目は七九七（延暦一六）年五月から元聖王の没した七九八（延暦一七）年一二月前までの約一年半の間ということになる。三度目は親日の哀荘王を即位させ、新羅を通る海路を確保した八〇一（延暦二〇）年春頃、出発したと思われる。唐の対吐蕃戦は同八〇一（貞元一七・延暦二〇）年九月には一応、唐側が勝利しており、この戦勝を機会に彦昇が新羅に帰国したとするなら、彦昇（安殿）の中国滞在期間は約半年で三回の遠征のうち最も短い。少なくとも彦昇は八〇一年暮には新羅に帰国していたようだ。

第二章　空海、日本の安殿皇太子と出会う

●遣唐使派遣の助走

彦昇《げんしょう》（安殿《あて》）が三度目の中国遠征中の同延暦二〇（八〇一）年八月一〇日、藤原葛野麻呂が遣唐大使に任じられた。

葛野麻呂は桓武の取り巻きのような宇合《うまかい》の式家《しきけ》の一族ではなく、北家《ほつけ》の房前《ふささき》の曽孫《ひまご》だった。葛野麻呂は平城（安殿）の二回目の遠征（延暦一六・七九七年五月）前の二月に春宮《とうぐう》（東宮）大夫《だいぶ》になっているから、第二回以後の安殿（彦昇）の遠征には随行したと考えられる。

三回目に安殿（彦昇）に従って入唐した葛野麻呂は、重要な任務を負っていた。それは日本の遣唐使派遣の受け入れを唐に要請することだった。唐は桓武朝成立を認めなかったので二〇年余も遣唐使を派遣することはできなかったのである。

そこで葛野麻呂は当時、長安の密教系の西明寺《さいみょうじ》に滞在しており、後に近江《おうみ》国崇福寺《そうふくじ》の

大僧正となる日本僧の永中《えいちゅう》（忠）に遣唐使の派遣を依頼したと思われる。永中は桓武生存中、渤海《ぼっかい》とのやりとりの使者になった僧侶である。

おそらく永中は葛野麻呂の依頼を、密教の僧侶で後に空海の師となる恵果《えか》につないだ。時の皇帝・徳宗は深く恵果に帰依《きえ》していたので、恵果の願いを聞き入れたのではないか。それもあるが、この頃より徳宗は周辺民族と和解の道を探っていたようだ。この時期の唐突な遣唐使派遣受け入れの勅命の裏には、このような内情があったと推測される。

●桓武はぬか喜びした

二〇年間も待って、ようやく唐朝が遣唐使の派遣を許すという情報が桓武にもたらされたのだ。おそらく桓武は自分が日本王として認められたと欣《きん》喜雀躍《きじゃくやく》したと思うが、それは桓武の誤解だった。朱泚《しゅせい》側として反唐だった上、新羅王でもあった桓武を唐が未来永《えい》劫《ごう》、認知するはずがない。「安・史の乱」で史朝義《しちょうぎ》を殺し、「安・史の乱」に最後の止めを刺したのは他ならぬ若き日の徳宗だった。

「安・史の乱」が収まると、たちまち安禄山の拠点だった中国東北部に新たな地方軍閥が台頭した。それが朱泚である。藤原仲麻呂が唐に謀反した安禄山側に付いていたように、桓武も唐に反旗を翻《ひるがえ》した朱泚側だったのである。徳宗は「朱泚の乱」では皇帝になったばかりだったが、「朱泚の乱」も鎮圧した。その朱泚が敗北したことを知った桓武は、急ぎ新羅から日本に帰国し、守りを固めた（『桓武天皇の謎』）。従って徳宗が極東勢力として、珍しく唐側の兵力になった安殿勢力をきわめて重要視するのは当然なのである。

この徳宗の心情よりみて、遣唐大使に安殿の春宮大夫である葛野麻呂が任じられたのは、桓武ではなく徳宗の意向だったと思う。徳宗はとうに彦昇の正体が日本の皇太子・安殿であることを知っていた。その上で彦昇（安殿）の三回に及ぶ戦績を評価し、その褒賞として遣唐使派遣を容認したのである。

徳宗には桓武の存在は眼中になかった。徳宗は遣唐使派遣を受け入れて、むしろ暗に日本王に安殿を即位させるという意思表示をしたのではないかと私は考えている。徳宗は安殿（彦昇）の功績は評価したが、まったく桓武の功績とは捉えていなかったということである。しかし桓武はそう考えてはいなかった。安殿を唐側として出兵させたのは日本国王の自分だから、当然、自分が唐に認められたと思い込んでいたのだ。

唐と吐蕃《とばん》の戦いは彦昇（安殿）が帰国した後、翌年の八〇二（貞元一八）年一月にもあるが、この時の戦いで、唐軍は吐蕃の大将を捕らえた。そこで徳宗はすべての吐蕃を赦免したという（『通鑑』唐紀五二）。徳宗は他民族の兵力で吐蕃と不毛な戦いを続ければ、ますます唐国が疲弊すると考えたのかも知れない。はたして唐が吐蕃と和平した後、吐蕃はしばらくの間、侵攻しなくなった。この時期、徳宗が日本の送使の要望を受け入れたのは唐が平和外交へと政策を切り替えた一つの事例とも考えられる。

●空海と恵果

葛野麻呂が遣唐大使として実際に出発したのは二年半以上後の八〇四（延暦二三）年三月だった。このように出発が遅れた理由には、新羅の反抗と桓武の極秘の死があった。とにもかくにも遣唐船は出発したが、それには最澄とともに空海も同乗していたのは有名な話である。最澄はこの頃、三〇歳の空海に対して一〇歳ほど年長であり、天台宗《てんだい》の僧侶として比叡山《ひえいざん》に定住していた。

おそらく最澄は桓武の指示によって、桓武生存中に入唐が決定していたと考えられる。あまり仏教に傾斜していない桓武が最澄を入唐させたのは、唐王室に日本国王として認知するよう運動してもらうためだったとしか考えられない。しかし最澄が属する天台宗は、この頃の唐王室とは関わりがなかったためか、桓武の死後であったせいか、最澄は何ごともなく遣唐船で帰国している。最澄は、聖武《しょうむ》天皇発願で、何かと政治的な動きの多い平城京の東大寺と直接、関係しない近江国分寺の僧だった。おそらく最澄が旧勢力の巣窟である東大寺の僧侶でないことも桓武が最澄を取り立てた理由だろう。

ただし平城天皇の即位に尽力した藤原内麻呂《うちまろ》が最澄の上表文を桓武天皇（実はすでに平城時代）に取り次いでいる（『平安遺文《へいあんいぶん》』補遺ノ一延暦二四年条）。延暦二四年は遣唐使が帰国した年だが、この頃、空海は平城の命により唐に取り残されていた。桓武がそうだったように、内麻呂を含めた藤原一族の主流は、日本の仏教界を代表するのは最澄をおいてないと考えていたのだろう。実際、空海は私度僧《しどそう》の一人として入唐したに過ぎないのだから、内麻呂が特に空海を冷遇したとはいえない。

その最澄を含めて入唐した遣唐使たちは八〇四（徳宗の貞元二〇）年一二月、ようやく吐蕃・南詔《なんしょう》という遊牧民とともに朝貢することができた。唐の日本への認識は遊牧民系国家の一つということだったらしい。ところが翌八〇五（延暦二四）年一月二三日に徳宗が死去したことをもって、唐は葛野麻呂らの遣唐使に早々に帰国するよう命じた。そこで遣唐使は帰国の途に就き、大使の葛野麻呂は同年六月八日に津島《つしま》（対馬）まで帰着した。

空海は勅命（私見ではすでに桓武は没しているから、安殿の命）により長安に残り、城内のかつて永中が住んでいた西明寺に仮寓《かぐう》して、城内の名僧を訪ねていた。そこで偶然、青龍寺東塔院《しょうりゅうじ》の恵果に出会った。空海に対面した恵果は大いに喜び「我は前から汝《なんじ》が来るのを知っていたから、久しく待っていた。今日、相見ることができて、大いに喜ばしく思う」（『弘法大師《こうぼうだいし》行化記《ぎょうけき》』など）と言ったという。

恵果はなぜ空海が訪ねてくることを確信していたのか。第一、恵果と空海が偶然、出会うなどとは考えられない。空海は密教系の西明寺に寄寓していたのだから、同じ長安城内にある青龍寺にいる密教の重鎮、恵果に真っ先に挨拶に行くはずだ。わざわざ「偶然」としたのは日本の史料である。

何よりも、なぜ恵果は見たこともないはずの、極東の一私度僧に過ぎない空海の存在を知っていたのか。なぜ空海は恵果の元に半年間いただけなのに、恵果から密教の継承者の一人に選ばれ、密教（日本では真言宗《しんごん》などと呼ばれる）の第八祖と言われるようになったのか。

●密教とは何か

そもそも密教とはどういう宗教か。

四世紀の東晋《とうしん》時代、西域の僧侶・仏図澄《ぶつとちょう》が呪術をもって、遊牧民国家の後趙《ごちょう》（石《せき》氏）の帰依を受けた。現世利益的な呪術と仏教が結びついた最初の例である。その流れの中で密教は生まれた。

密教の初代は現実の人ではなく大日如来《だいにちにょらい》である。その第八祖（大日如来から数えて八代目）に空海は比定されている。しかし本格的な中国密教は善無畏《ぜんむい》（六三七〜七三五）に始まると言われている。彼は中インドの小国の王子だったが、弟の謀反を契機に僧侶となった。善無畏が七世紀中葉に西インドで『大日経』を漢文に翻訳してから密教教義が始まったといわれている。『大日経』は一名『大毘盧遮那成仏神変加持経《だいびるしゃなじょうぶつしんぺんかじきょう》』とも言う。華厳《けごん》宗の主仏は大毘盧遮那仏だから、密教の主仏が大日如来になる前は、華厳宗の影響が大きかったとみてよいのではないか。

いずれにしても七世紀末の則天《そくてん》（武《ぶ》氏）の時代、則天が帰依した華厳宗の次に密教が唐王室の帰依を受けたことは間違いない。善無畏は各地を放浪してインドでは祈雨《きう》をして効験があったという。突厥《とっけつ》や吐蕃の領域（北インドの境）を通って七一六（開元四）年、長安に至るや、玄宗《げんそう》は夢にまでみた善無畏の到来に大いに喜び、国師とし、西明寺に迎えたという（『宋高僧伝』他）。

密教第六祖の不空《ふくう》（七〇五～七四）は第五祖の金剛智《こんごうち》の弟子で、出自はインドのバラモンという。南海路の東南アジアを経て長安に入り、加持祈禱《かじきとう》をもって玄宗・粛宗《しゆくそう》・代宗《だいそう》三代から深く帰依された。一方、不空は多くの密教経典を翻訳し、山西省五台山《ごだいさん》に金閣寺《きんかくじ》を建立した。不空の弟子が恵果である。

●唐王室と密教の関係

もともと中国の北方に位置する歴代王室は儒教を国教としている。孔子の「鬼神を語らず」と言うように、呪術を廃し、身分の上下・男女関係を厳しく規制する思想は、官僚体制を採る中国の為政者にとっては都合のよい思想だった。しかし中国でも南方の庶民の間では、さまざまな規制を強い、形式を重んじる儒教に反して、不要なことはせず、ありのままの人間性を肯定する道教と、現世利益を祈願する土着の呪術信仰とが結びついて支持されていた。

北方の遊牧系民族である拓跋鮮卑《たくばつせんぴ》の北魏《ほくぎ》では仏教が盛行したが、その支流である唐でも、中国の統一を果たし漢人の上に君臨した時から、表向き、初めは伝統的な儒教が王室の国是だった。しかし初唐の六四五年、玄奘三蔵《げんじようさんぞう》がインドから仏教経典をもたらしてから、唐王室は次第に仏教に傾斜するようになった。

七五五（天宝《てんぽう》一四）年、玄宗の時代に「安・史の乱」が始まって、玄宗と皇太子（後の粛宗）が長安を離れて、放浪せざるを得なくなった。玄宗は不本意ながら退位し、粛宗が即位して、ようやく反乱が平定されたのだが、一時、唐王室は存亡の危機に陥った。

この時の「安・史の乱」は唐側として戦った回鶻などの兵力で収まったが、この乱を契機に最盛期と思われていた唐は一気に衰亡への道を辿《たど》るようになる。この前後、玄宗は密教第六祖の不空に深く帰依した。それが粛宗・代宗・徳宗まで続くのである。唐王室が危機に瀕し、従来の儒教的官僚主義では成り立たなくなった時から、玄宗は密教の呪術にはまっていくのだ。しかも他の歴代王朝と違って、唐王室が呪術を是とする密教に依存したのは南方の道教の影響もあった。道教の始祖、老子《ろうし》の姓は李《り》氏だが、唐王室と同じであることから、唐王室はもともと道教に親近感を持っていたと言われている。

●西へ、西へと導かれる空海

不空の弟子が第七祖の恵果（七四六～八〇五）である。恵果は長安の生まれで、俗姓馬《ま》氏という。馬という姓は中国でも西方に多いから、恵果が純粋な漢人とは思われない。恵果は早くも二五歳の時、代宗の内裏《だいり》（王室）に出入りし、七七六（大暦《たいれき》一一・日本では光仁の宝亀七）年に青龍寺にいた不空の死後、青龍寺の東塔を下賜された。この年、代宗の病に際して加持祈禱したという。七九九（徳宗の貞元一五・延暦一八）年には皇太子だった後の順宗《じゅんそう》の病気を加持祈禱し、絹・茶などを賜ったという。ちなみに空海が遣唐使船で入唐した時、信物（贈物）と銭五百余貫を恵果に献上したという。

加持祈禱を旨とする密教は、いずれにしても現世利益と離れては存在しないのである。はたして恵果と空海の出会いは偶然だったのか。その謎を解くには若い日の空海から始めなければならない。

空海の伝記は数多いので、それらをまとめると次のようになる。

父は讃岐《さぬき》国多度《たど》郡屛風浦《びょうぶがうら》の人、佐伯《さえき》氏だが、佐伯氏は武門の家で、祖先はヤマトタケルについて従軍し、軍功により土地を賜ったとある。

母は阿刀《あと》氏で母方の伯父の阿刀大足《あとのおおたり》は伊予親王の学友だった。父母は聖人が天竺《てんじく》（インド）から飛んできて懐に入った夢をみて、阿刀氏が懐妊し空海が生まれたという。空海は日本に初めて密教を広めた人だが、先に述べたように密教は七世紀に西インドに発生した比較的新しい仏教宗派である。両親のみたインドから飛来した聖人の夢は、空海のその後を暗示している。

幼くして神童といわれた空海は一五歳になると上京し、伯父の阿刀大足から儒教などを学び、官人としての教養を身につけた。しかし官人として生きるのはあきたらなかったとみえ、仏教に興味を持ち山野を跋渉《ばっしょう》して修行していた。ある時、土佐《とさ》の室生門崎《むろうとのさき》で修行中に、明星が口に入り、虚空蔵菩薩《こくうぞうぼさつ》が光り輝きながら空海に向かってきたという。

この逸話は、聖徳太子の母の穴穂部間人皇女《あなほべのはしひと》の口に救世観音《ぐぜかんのん》が飛び込んで聖徳太子を懐妊したという話にかなり近い（『聖徳太子伝暦』）。明星は金星で方向は西である。このように空海は西へ、西へと導かれるごとくにみえる。おそらくこの頃、空海の心の中に入唐して仏教を本格的に学びたいという心情が生まれたのだろう。延暦一一（七九二）年、空海一九歳のことだった。そして翌延暦一二（七九三）年、二〇歳にして和泉国《いずみ》槙尾山寺《まきおさんじ》で出家剃髪《ていはつ》し、法名は教海《きょうかい》だったが、後に如空《にょくう》と改め、さらに空海と称した。

この頃、安殿（彦昇）は新羅から初めて中国に遠征し、唐側として戦っている最中だった。空海もこの時代の東アジア全体の争乱について知っていただろうが、空海は官人でもなく、武人でもなく、学問僧として社会に貢献したいと心に決めたようだ。

●五年三カ月もの行方不明

間もなく槇尾山寺を去って延暦一四（七九五）年四月九日、空海二二歳の時、東大寺戒《かい》壇院《だんいん》（仏教の儀式用に壇を築いたもの。最初に鑑真《がんじん》が東大寺に建てた）で具足戒《ぐそくかい》（仏教徒としての戒律には五戒・十戒・具足戒の三種類がある）を受け、ここで初めて空海という法名になった。空海は東大寺の僧侶になったのである。しかし、東大寺の僧になった翌年、空海はすでに密教の知識を持ったようだ。延暦一五（七九六）年、二三歳の時のことだが、『弘法大師行化記』に次のような記載がある。最初に「遺文に云《い》う」とあり、その横に小さく「封じられた大日経を解読した」と古注がある。

本文にはある時、空海が一心に祈願していたら、夢に人が現われ、「高市《たけち》郡久米《くめ》道場の東塔の下に『大毘盧遮那経』がある」と教えてくれた。『大毘盧遮那経』とは注釈のように密教の『大日経』をいうようだ。随喜した空海は久米寺を訪ねて、その経を得、それを読んで疑問の余地がなく感動して、さらに一層、発心《ほっしん》（入唐のことかという古注がある）の心を持ったという。そういえば空海は一時、如空と名乗った。直訳すれば「空の如《ごと》し」となるが、空海自身は「不空の如くなりたい」という意味を込めていたのではないか。この記録からみて空海は若い時代から、いわば中国で流行《はや》りの密教に傾倒していたのではないだろうか。

そして空海は密教の知識を根底に持って、翌二四歳の時、初めての著書『三教指帰《さんごうしいき》』を著わした。完成は延暦一六（七九七）年一二月のことと署名されている。『三教指帰』の内容は、ある政治家の家に儒者と道教の隠者と、空海その人がモデルと思われる僧侶が登場し、儒教・道教・仏教の三教の優劣を果敢に論じ、最後に仏教が一番勝《すぐ》れているという結論に達する話である。

この書は論理的でも哲学的でもなく、三者が信奉する教えをそれぞれが自由奔放に主張するというように、具体的で物語風に書かれているのでわかりやすい。にもかかわらず、空海の学識の深さとスケールの大きさが縦横無尽に発揮されており、一仏教僧侶では納まりきれない人物であることを窺わせている。密教という新しい宗派の到来に空海は自分の未来を重ねたのではないだろうか。

空海は延暦一六年一二月に『三教指帰』を書き上げるが、その翌延暦一七（七九八）年一月から五年三カ月あまり所在不明となる。その後、延暦二二（八〇三）年四月九日、東大寺の戒壇院で具足戒を受けたとある（『弘法大師御伝』巻上）。具足戒はすでに八年前の延暦一四（七九五）年に受けているはずなので、延暦二二（八〇三）年の具足戒は二回目ということになる。おそらく空海は、行方不明になっていた五年余の間は東大寺の僧籍を外れていたが、改めて東大寺の僧侶として復帰したので再び具足戒を受けたとしか考えられない。空海は五年余、東大寺の僧侶ではなかったのだ。一体、どこに行っていたのか。

●空海は安殿の中国遠征に従軍した

先に述べたように恵果は若く、地位もなく、日本の一僧侶に過ぎない空海の存在を前から知っていたのみならず、自分に会いに来ることを確信していた。それはなぜか。

空海の所在不明時代は、安殿（彦昇）の二回目（七九七年五月～七九八年一二月まで）の遠征の後半約一年間と、三回目（八〇一年春～同年一〇月頃）の遠征にかかる。そして二回目の遠征と三回目の遠征の間は約二年余ある。

その間、まず彦昇は二回目の遠征から新羅に帰国すると、すぐに元聖王を追放して翌七九九年に元聖王の太子（元聖王の孫）昭聖王を即位させた。しかし八〇〇年六月に昭聖王をおそらく暗殺し、自らが後見する哀荘王を即位させた。そしてようやく八〇一年春からの三回目の遠征に出発するのだが、この時期は空海の不明時代にすっぽりはまる。

この安殿遠征中の八〇一（延暦二〇）年八月、藤原葛野麻呂の遣唐大使が決定している。先に述べたように、葛野麻呂が永中を通じて、恵果から唐が遣唐使を受け入れるよう、徳宗に頼んだ。そして徳宗の承認を得たと想定できる。永中は葛野麻呂の遣唐船で帰国したらしく、後に近江崇福寺の大僧正になっているところをみると、もともと天智系の人だったらしい。永中は長安で善無畏の住んでいた西明寺にいた。善無畏と関係する人だから、日本人で最初に密教を信奉した人と思われる。

ところで安殿の三度目の遠征の時、まだ若い吐蕃の大将に捕虜とされた数千人もの唐人がいた。その中に僧侶がいたが、大将はその僧侶に次のように自分の先祖の話をして、すべての唐人を無罪放免したという。この吐蕃の将はかつて六六八年、唐が高句麗を攻め滅ぼした時の総大将李勣《りせき》の子孫だった。則天（武氏）の時代、則天の逆鱗にふれ、一族皆殺しとなったが、わずかに吐蕃の勢力圏に逃れた者がいて、祖父の代に吐蕃に仕えることになったという。

その吐蕃将が捕虜を特別に放免したのは、僧侶の説得があったからではないか。この頃の吐蕃には仏教徒が多かったから、李勣の子孫の吐蕃の大将も仏教徒だったのかも知れない。当時の戦いには、戦い相手に対する和平とか交渉のために説得力が必要である。いわば外交官としての立場と、敵味方にかぎらず書簡のやりとりが必要なので、国の観念を超えて普遍的な仏教を知り文章を書くことができる僧侶が、その二つの任務を負って随行していたのではないかと私は考えている。

葛野麻呂と空海の最初の出会いはどうだったか分からない。しかし両者は終生、いかなる場合でも親密な関係にあった。弘仁九（八一八）年一一月一〇日に没した葛野麻呂への見舞状や、葛野麻呂の亡き子への願文《がんもん》（弔文に近い）が残されているから（『性霊集』巻六）、家族ぐるみの親交だったらしい。

おそらく空海は『三教指帰』の書を葛野麻呂に送り、感心した葛野麻呂は安殿の二回目の遠征の後半から三回目の遠征にかけて、従軍する僧侶として空海を推薦し、入唐させた。ゆえに空海には約五年間の空白の時期が生じたのではないか。そして永中を介して空海が『三教指帰』を恵果に贈ったと私は考えている。

密教は新しい宗派で道教的な呪術を否定しないから、極東にあり、しかもまだ若い空海の学識と幅広いものの見方に恵果は驚嘆したのではないだろうか。恵果が日本の遣唐使派遣を徳宗に取り持ったとすれば、空海の著書が恵果に感動を与えたことが大きかったと思う。

八〇四（延暦二三）年、空海が公式に遣唐船で入唐した時、先に述べたように日本の史

海を渡っていた空海

5年3カ月に及ぶ空海の所在不明期間は、安殿（彦昇＝平城）の中国遠征と重なる。空海はこの遠征に従軍し、いわば外交官として重要な任務を果たしたのではないか。

料では恵果と偶然に出会ったとあるが、写真もテレビもない時代、見知らぬ者同士が偶然、会っても分かるわけはない。私が推測するように、すでに恵果と空海が既知の仲なら恵果は遣唐船で空海が来るのを予想していた。恵果が空海と出会った時、会いに来ると確信していたのは当然だったのである。

空海が短期間の間に、たちまち恵果の第一級の弟子となれたのも、この推定のもとに理解できる。空海の最初の入唐が闇に葬られたのは、即位した安殿（平城）が大陸で戦っていた事実を日本史上から抹殺したからである。平城に限らず日本の史書は天皇になった人の外国遠征をすべて抹消している。空海が安殿と出会ったのは安殿（彦昇）の二回目の遠征の後半から三回目の時と想定できる。

●唐での高い名声

『弘法大師行化記』には次のような話が載っている。

唐の宮廷内には三間の壁に王羲之《おうぎし》（晋代の名筆家にして政治家）の手跡があったが、二間は破損して修理が必要だった。唐帝が破損した二間の王羲之の書を空海に書かせた。帝は空海の書に大いに感激し、五筆（五人の名筆家の一人）の和尚《わじょう》に任じた。そして菩提樹《ぼだいじゅ》で作った数珠一連を贈り、次のように言ったという。

「朕《ちん》の代にこの書を書いたのだから、朕を忘れないでくれ。初めは師（空海）を唐国に留め置きたいと言ったが、今、東に帰ると聞いた。これも道理である。次の機会に会うことを望んでいる。朕はすでに齢《よわい》半ばを越えている。死後、必ず仏恵者（空海）に会うだろう」

と言って、数々の賞物を下したが、誤って賞物は恵果に渡されたとある。この話は唐側の史料にはみえない。したがって裏づけがないので、真偽の程は定かでないと言える。

だが、もし似たようなことがあったとしたら、空海の二度目の渡海の時は徳宗の死や順宗の病、師の恵果の死、そして憲宗の即位と慌《あわただ》しかったから、この『弘法大師行化記』の場合の帝は、没年も六四歳と当時としては長い治世だった徳宗と推定される。

そうすると、私の仮定する空海の一度目の入唐の時期ということになる。もしこの話が本当ならば、徳宗が遣唐使の派遣を容認したのは安殿の軍功だけではなく、空海の存在も寄与したことになろう。空海の名声を高めるために、日本でこの話が作為されたにしても、このような挿話が残されていること自体、空海は日本国内よりも唐における名声の方が高かったことを推測させる。

第二部

平城天皇は新羅王になっていた

第一章　平城即位までの暗闘

●桓武は皇太子に殺された

私は、安殿が第三回の八〇一年の中国遠征の後、すぐには日本に帰国せず、新羅に滞在していたとみる。その理由は、桓武が翌八〇二（延暦二一）年八月に阿弖利為《アテルイ》を処刑しているからである。桓武は安殿が日本にいたら、何としても阿弖利為の処刑には応じないと考え、安殿が日本を不在にしている間に急いで阿弖利為を始末したと推測する。

ここで注意しなければいけないのは、正史である『後紀』は延暦一九年一月から二二年一二月まで、記録がないことである。つまり阿弖利為の処刑前後は『紀略』と『類史』などの断片的な記述に頼る他ないのである。『後紀』にはかつて記録されていたかも知れないが抹消されて、現在に残されなかったと推測される。この期間はほぼ、安殿（彦昇《げんしょう》）の三回目の中国遠征と、阿弖利為の処刑、そして安殿が帰国して桓武を殺したと推定する時期に該当するからである。この間、熾烈《しれつ》な父子の対立があり、史実を旨とする『後紀』の編者・藤原緒嗣《おつぐ》、冬嗣《ふゆつぐ》らとしても、同時代人であるだけに、このような朝廷の権威に関わる史料をまともに残すわけにはいかなかったのだろう。

一一月の中寅日（月の三回の寅の日のうち二番目を言う）は、践祚大嘗祭《せんそだいじょうさい》が行なわれる日である（『延喜式』践祚大嘗祭）。践祚大嘗祭は新しい天皇が即位した時に行なわれる儀式であるが、同時にこの日は鎮魂祭儀の行なわれる日でもある（『政事要略』年中行事一一月二鎮魂祭）。つまり「死と再生」の日であり、天皇の即位儀礼と重なる日なのである。

そして八〇二（延暦二一）年一一月甲寅朔（一日）に日蝕があったという。甲寅の日蝕は「電撃殺人、骨肉争功」という。もちろん讖緯説からくるものだが、直訳すれば甲寅の日の日蝕は、電撃的な殺人事件が起き、親族同士が功名を争う暗示となる。前述のとおり、一一月は践祚大嘗祭で即位式、そして鎮魂祭（再生を祈る祭り）が行なわれる月でもある。それと甲寅の日蝕から勘案すると、桓武天皇と安殿皇太子が功を争って、突然、桓武が殺されたと解釈される。

功とは、おそらくどちらが唐に日本王として認められたかという争いが両者の間であったことを暗示しよう。一一月は践祚大嘗祭がある月なので、殺人が天皇に及んだということを暗示したまでで、桓武はそれ以前に亡くなっていると解釈する。つまり桓武が亡くなったのは、阿弖利為の殺された延暦二一年八月から一一月の間である。そこでこの間を詳しくみると、ほとんど何ごともない。

ただし九月に、讃岐・丹波《たんば》・出雲《いずも》・石見《いわみ》・美作《みまさか》・山城《やましろ》・右京《うきょう》・近江・能登《のと》の人々を、強盗の罪によるとして流罪に処している。四国から北陸まで範囲が広いところをみると、単なる強盗ではなく、時期的にみて反桓武・阿弖利為擁護派の蜂起だったようだ。この頃、桓武朝に対する暴動が全国的に広がっていたとみえる。

同時に桓武はこの時期、盛んに各地で狩猟を行なっている。まず八月末、的場《まとば》で狩猟し、途中、後の嵯峨天皇の別荘に立ち寄った。九月には芹川野《せりかわの》・北野《きたの》、一〇月には交野《かたの》（大阪府交野市）に行き、同月二六日に「幸大原野《おおはらの》」（大原野に行かれた）とある。また、たとえば延暦二〇年八月一七日（『紀略』）のように、大原野にも桓武は狩猟に行った。狩猟の場合は「遊猟大原野」という言葉を使っているが、一〇月二六日のこの場合は「幸」（行かれる）とある。私の頭にはすぐ大原三千院が浮かんだ。はたしてあの寺院は誰のために建立されたのか。

三千院は、たびたびの移転と名称変更を繰り返してきた。現在のように「三千院」と公称し、大原の地に定まったのは明治四（一八七一）年のことである。ただし、その前身は

大原三千院は誰のためのものか

大原三千院が現在の地に移ったのは明治以後のことだが、中世にも大原にあった。それには何らかの伝承が影響していたと考えられる。延暦20年、桓武天皇が「幸大原野」（大原野に行かれる）との記録がある。

写真／PANA

中世（一二世紀中ごろ）、大原に設置された政所《まんどころ》（政務を司る役所）であり、応仁《おうにん》の乱以後は二世紀にわたって本坊となっていたという。

平安末期から中世にかけて、天皇の権威が地に墜《お》ち戦乱の時代になると、『記紀』の記述や天皇に対する異論が世間に流布するようになった。私はこのような中世の書から古代を類推することが多い。なぜなら、この時期の古代史書には時の権力者におもねる必要がなく、真実を語っている場合が多いからである。たとえ三千院が移転を繰り返し、大原にあったのが中世以降の一時期だとしても、何らかの伝承が残されたがゆえに大原に移築されたと考える。

三千院の声明《しょうみょう》（仏教の経文を朗唱する声楽）は有名だが、密教のものである。

安殿は新羅から帰国して、桓武に従って大原野に狩猟に出かけた。そして突然、安殿と安殿の親衛隊が桓武を襲った。それが私の推論である。狩猟にかこつけて敵を殺すのは古今東西いくらもあり、常套手段とも言える。したがって桓武の死は八〇二（延暦二一）年一〇月末と推論される。

●史料は桓武の死を暗示する

私はこの時をもって桓武は没したと思っているが、実際に桓武の喪が発表されたのは八〇六（大同元）年三月だった。この間の約三年五カ月の間に、史料では何度も桓武の死を暗示している。

桓武が殺されたと推定する延暦二一年一〇月の翌延暦二二（八〇三）年四月、延暦二〇年八月に決定していた遣唐船がようやく難波津《なにわのつ》から出航した。しかし、すでに亡き桓武の主導ではなく、安殿の主導した遣唐船だった。つまり遣唐船の派遣は桓武生存中に決定し、実際に派遣したのは安殿皇太子時代だったのである。しかし遣唐船は台風に遭《あ》ったと称して、すぐに引き返してきた。遣唐大使の葛野麻呂は五月に上京し、節刀を返却した。葛野麻呂がいち早く節刀を返却した理由は、台風ではなく当時、彦昇（安殿）が擁立した哀荘王が反日に転じて海路の封鎖を始めたからである（『桓武天皇の謎』）。

彦昇（安殿）は三回目の中国遠征の後、阿弖利為の処刑を知り、桓武と対決するため日本に定着した。彦昇が不在になると、たちまち新羅では反彦昇の気運が高まったと思われる。結局、葛野麻呂の遣唐船は新羅の海上を通らず、翌延暦二三（八〇四）年七月六日、肥前松浦郡《ひぜんまつらぐん》（五島市《ごとうし》）から越州《えつしゅう》（紹興市《しょうこうし》）に至る南路を採って入唐した。

私が想定する桓武の死のほぼ一年後、延暦二二（八〇三）年一一月の践祚大嘗祭のある月は、朔（一）日が冬至にあたった。この日に陰陽寮《おんようのつかさ》（主に天文で吉凶を占う役所）から老人星（南極星）が出現したと言ってきた。そこで百官が概略次のように上表したとある。

「老人星は瑞兆《ずいちょう》で、この星が出れば天下は平和になります。今年の朔日冬至は天の始まりであり、同時に終わって再び始まる（天之紀、終而復始）老人星の出現は、黄帝《こうてい》が即位した時にもあり、瑞兆なのです」（『後紀』）

上表文すべてを記しても天皇を褒《ほ》め称《たた》える文章なので意味はないが、その中で一つひっかかる文字がある。それは「延暦之期逾遠」（『類史』歳時五・冬至）とあることだ。この意味を翻訳文（森田悌訳『日本後紀』）では、「優れた治世はさらに長く続くことになりましょう」としている。桓武天皇の延暦年間はさらに長く続くだろうと解釈しているのである。

しかし「逾」という字には「いよいよ」とか「ますます」という意味の他、「過ぎ去る」という意味もある。「遠」は時間的、空間的隔たりを意味するから、直訳すれば延暦の期、つまり延暦の時代は遠く過ぎ去ったとも解釈される。続く文章を現代文に訳すと次のようになる。

「天はすべてを照覧して、神の心が顕著に臣ら、生涯の願い（おそらく安殿の即位）を感じとっていらっしゃる」

桓武の没後、一年目の即位式の月である一一月の践祚大嘗祭に際し、臣下一同が桓武の一周忌にあたって安殿の即位を促《うなが》しているのだ。この時の朝廷の最高責任者は藤原氏ではなく、皇族の右大臣神王《みわおう》（志貴《しき》皇子の孫）だから、神王はいつまでも天皇不在でいるわけにはいかないと本気で安殿の即位を勧めようとしたと解釈される。

しかし、藤原氏は違った。『紀略』に一カ月後の「一二月二日の夜、野生の狐《きつね》が禁中で鳴いた」とある。狐は『書紀』以来、藤原氏を示す隠語だから、外来系の安殿即位が藤原氏本流の本意ではなく、この時期から、すでに安殿失脚の陰謀を巡らせていたことを暗示しているのだ。事実、藤原氏は安殿が即位するのを阻止するために、すでに行動を起こしているのだが、具体的には後述する。

当時、藤原氏勢力の唯一の歯止めになっていた桓武朝以来の右大臣で皇族の神王が存在していたから、藤原氏独自の政治的陰謀は極秘のうちに進められたようだ。ただし八〇六（大同元）年三月に安殿が即位すると、神王は翌四月に没した。神王が没したことは、以後、朝廷における藤原氏勢力に対する防波堤がなくなったということである。

延暦二二年一一月の安殿への啓（皇太子・皇后などに宛てた文）は神王が代表していたと思われるが、この啓に応《こた》えて、わが意を得たりとばかり安殿は重罪の受刑者以外すべてを赦免し、老人に米を支給し、さらに叙位をして、即位に備えた。

●「日本国王に任じる」唐の勅書

延暦二二（八〇三）年に安殿が即位しなかったのは、唐の承認がない限り、たとえ即位しても長続きはしないと思ったからであろう。安殿は実際、即位していない身軽さで、葛野麻呂が大使の遣唐船と同時期に入唐した。このことは中国の史料にみえる。

八〇五（貞元二一・延暦二四）年一月二三日（あるいは二二日）に徳宗が没し、わずか数カ月の間だが、長子の順宗が即位した。その二月一二日条に「日本国王幷《ならびに》妻、蕃に還る。贈物を遣わした」（『旧唐書』本紀）とある。順宗は父徳宗の意を汲《く》んで、安殿を日本国王に任命していたのである。この場合、「日本国王」は安殿であり、「蕃」とは日本の意味である。日本では即位した後も安殿に正式な皇后はいないが、おそらく新羅には正室がいたのだろう。もしかすると先に述べた、回鶻に嫁した咸安公主が下賜した女性だったかも知れない。

ところが、同年七月に帰国した大使の葛野麻呂の報告によると、八〇四（貞元二〇・延暦二三）年一二月二四日に徳宗への国信（国と国との間の書簡）と貢納品を、監使高品《かんしこうひん》（宦《かん》官《がん》）劉昻《りゆうぼう》に手渡した。この時の日本の朝貢は中国の史料にもみえる。劉昻は徳宗の日本使者へのねぎらいの言葉を伝えたという。

翌二五日は麟徳殿《りんとくでん》で親しく徳宗に会い（「対見」とある）、葛野麻呂はさまざまな申し入れをしたが、すべて了承された。さまざまな申し入れの中には桓武亡き後、安殿の即位の了承の要請があったのかも知れない。ついで内裏で宴会が催され、分に応じた褒美を下賜されたという。

翌八〇五（貞元二一・延暦二四）年正月元旦に朝賀の儀式があり、遣唐使たちも参列したが、翌二日に徳宗は病になり、二三日に死去したという。そこで唐国は服喪に入るので、日本からの遣唐使は早々に帰国するようにとの唐室からの伝言が、二月一〇日に遣唐使にあった。そこで葛野麻呂たち遣唐使は急遽《きゆうきよ》、帰国することになったというのである。

唐の史料では、安殿と思われる日本国王は二月一二日に帰国したとあるが、安殿は遣唐船とは別に南路より早い新羅路を採って、四月には帰国していたらしい。葛野麻呂ら遣唐使は、いつ帰国の途に就いたか明らかでないが、帰国に際して内史《ないし》（宮廷内の書記官）の王国文《おうこくぶん》なる人が付き添って越州（紹興市）まで見送ってくれた。そこで、その地の監使（越州の官府の役人）でもある王国文は天子（順宗か）の勅書の函《はこ》を渡し、早々に長安に帰っていったという。

おそらくこの勅書の内容は安殿を日本国王に任じるというものだったと思う。しかしもちろん、徳宗の次に即位した順宗から直接、手渡されたわけではなく、使者は侍中《じちゅう》（皇帝近侍の長官。皇帝の代理を務めることもある）ですらなかった。その理由は、おそらく徳宗が安殿を日本国王に冊立《さくりつ》するという勅書は別にあったが、徳宗が没したため渡されなかった。また徳宗の喪中のため、宮廷内では政事《まつりごと》は行なわれず、越州で内史が順宗の勅書を渡すことになったと思われる。

このように葛野麻呂に渡された勅書は、順宗の意から出た正式に唐が安殿皇太子を日本王に任じると認知したものだったと推定される。徳宗は意中のわが子、順宗の病を心配しながら世を去り、一応順宗が即位したのだが、結局、病弱を理由に順宗は同年八月、長子の憲宗《けんそう》に譲位したので、わずか数カ月の在位期間だった。順宗は翌八〇六（元和《げんわ》元）年一月に死去しているから、病のせいで譲位したとあるのは嘘ではないらしい。

●黄金は宦官への賄賂に使われた

順宗の父・徳宗はささいな仕事まで人まかせにはできず、自分で決定したが、一方、晩年は収賄をこととする諂《へつら》う者たちに取り囲まれ、政事の表にある宰相を疎外したという。反対に順宗の子の憲宗は、即位すると軍事を含めたすべての政務を宰相たちにまかせて規律を正し、英断をもって国の乱れを正したから、一時、唐王室は中興したと言われている。しかし、憲宗は若い時から方士《ほうし》（道士。仙術を行なって病を治す人）を信じ、不老長寿の薬として金丹《きんたん》（金と丹砂《たんしゃ》）を服用していた。元和一五（八二〇）年正月、四三歳にして突然、没したのだが、内官（宦官）が暗殺したと言われている（『旧唐書』本紀）。

徳宗は自身、実戦の経験があるだけに、安殿の働きを評価して安殿を日本国王に任じるつもりだった。その志《こころざし》を順宗が引き継いだが、すぐに退位となった。このように安殿・葛野麻呂ら遣唐使の在唐中からその後にかけて、徳宗の死、そして順宗の即位と譲位、それに次ぐ憲宗の即位とめまぐるしく皇帝の交代があり、日本側はそれにふりまわされた観がある。ただし安殿を日本国王に任命するという徳宗の遺志は、順宗から憲宗に引き継がれたようである。

ところで葛野麻呂の遣唐船の日本からの出発は、まず八〇四（延暦二三）年三月二八日に葛野麻呂が（安殿より）二度目の節刀を賜ったが、実際には七月六日に肥前松浦郡（五島市）から出発したのは前述した通りである。おそらく新羅哀荘王の邪魔が入ったので、新羅路を避けたのだろう。ただし安殿本人は葛野麻呂とは別に、往路も新羅路を採って入唐したようだ。

「羅紀」に同年五月、日本国使者が黄金三〇〇両を贈ってきたとある。この黄金は、日本から黄金三〇〇両を唐に贈って哀荘王を冊立させるための金だったと私は思っている。玄宗時代以来、唐が衰亡に向かうと宦官が跋扈《ばっこ》し、私欲のために皇帝を暗殺するまでになっていたから、新羅王の冊立も日本王の承認も、宦官の仲介なくしてあり得なかった。しかも宦官は収賄をことととしたから、黄金がなくては哀荘王が冊立される可能性はなかったのである。黄金が新羅王に冊立されるためのものと分かって、哀荘王は初めて安殿が海路、新羅路を通ることを納得したらしい。

同年一〇月三日、天皇は難波行宮《あんぐう》（旧難波宮周辺か）に行ったとあるところからみて、この時期、安殿は難波から船出したらしい。安殿の入唐は時節外れの晩秋になってしまったのである。ただし二月に長安にいたことは間違いない。

そうすると延暦二四（八〇五）年の正月には、桓武はもちろん存在しないが、安殿も遣唐使等も在唐中で日本にはいない。はたして天皇の病のため、朝賀は取りやめになったとある。

●「桓武臨終」の場面

延暦二四（八〇五）年正月の廃朝以後、桓武の病が内外に公表されるようになった。『後紀』には次のようにみえる。

「一月一四日の明け方、天皇が急に皇太子を呼び寄せた。皇太子の参内《さんだい》が遅いので、さらに人を遣《や》って藤原緒嗣を召し寄せたところに皇太子が駆けつけた。天皇は寝床下に皇太子を呼び寄せ、やや久しく話をしていた。

さらに右大臣（神王）に命じて、正四位下の菅野真道《すがののまみち》と従四位下の秋篠安人《あきしののやすひと》を参議とした。また大法師勝虞《しょうぐ》（不明）に命じて鷹や犬を放たせた。居並ぶ侍臣の中で涙を流さない者はいなかった」

この条はまさに桓武の臨終の場面ではないか。ただし、この席に緒嗣以外の藤原氏はいないところからみて、この筋書きは緒嗣の考えた脚本と思われる。第一、『後紀』の序文は緒嗣自身が書いたものである。緒嗣が理想とした桓武の死の場面だったとは言える。

緒嗣は桓武の忠臣・藤原百川《ももかわ》の息子で、天長《てんちょう》一〇（八二三）年の仁明《にんみょう》即位の前年一一月に左大臣になっているところからみて、この頃はまだ若かったはずである。当時は式家の伝統として安殿の側近だったらしい。緒嗣はこの芝居の筋書きを国内外に公表し、安殿の即位を納得させようとしたのかも知れない。しかしこの頃、安殿は唐にいて日本にはいない。緒嗣は一体、何を画策していたのか。

いずれにしても桓武の死を公表することは、唐の承認がないだけに躊躇《ちゅうちょ》されたらしく、まだこの時点でも明らかにされなかった。安殿即位に反対する勢力は桓武の死をできるだけ公表しないで、その間に安殿の即位の野望を阻止しようと模索していたのだろう。

『後紀』には続いて一月二二（壬辰）日に大きな星が墜ちたとある。葛野麻呂の報告（二三日崩）と違って、『旧唐書』（本紀）では徳宗は八〇五（貞元二一）年正月の朝賀を受けた当日に病になり、癸巳（二三日）の日に遺詔により皇太子の順宗が即位したとあるから、『後紀』が「二二日に星が墜ちた」と暗示しているのが正しく、徳宗は二二日に没し、翌二三日に順宗の即位が決定したのだろう。安殿の功績を評価し、安殿を信頼していた徳宗の死は安殿にとって打撃だっただろう。

安殿がすでに日本に帰国していた頃の三月二七日に、伯耆《ほうき》の国から玄賓《げんぴん》法師（不明）を招き、桓武に灌頂《かんじょう》（この場合、表向き天皇の病気の平癒を祈願して、頭に聖水をそそぐ密教の灌頂儀式。得度や死に際しても行なわれた）し、罪人を赦免したとある。そして四月六日に天皇が皇太子以下、参議以上の者を召して後事を託したとある。遺言のつもりだろう。

ここで朝廷内では桓武の死は公然の秘密となったようだ。四月一〇日に近衛大将藤原内麻呂と近衛中将の藤原縄主《ただぬし》（藤原薬子の夫）が兵仗殿《ひょうじょうでん》（宮中の武器庫）の鍵を皇太子に渡したとある時に、朝廷内で安殿即位の合意が確認されたとみてよいと思う。それでもまだ日本国内外に桓武の死が公表されたわけではなかった。

●勅書は失われた

普通、桓武天皇にかぎらず、天皇は「天皇」と表記されていたのが、『後紀』では同延暦二四（八〇五）年一一月から「帝」と表記している。おそらく安殿を「帝」と表記して、すでに没した桓武と区別していると考えられる。したがって、この頃は朝廷内において安殿は即位したのも同然だったらしい。

にもかかわらず安殿が即位式を挙行できなかったのは藤原氏の時間稼ぎである。おそらく同延暦二四年七月一日に葛野麻呂が上京、節刀を返上しているから、安殿も葛野麻呂から唐の安殿即位の勅書を受け取ってから、桓武の死を公表しようということにしたのだろう。

ところが葛野麻呂は、帰国する遣唐船の第一船に乗っていたが、勅書は第三船にあったらしい。第三船は松浦郡あたりで遭難し、官私の書簡、雑物を含めて、すべて海に流れて収容できなかったという。それを聞いた天皇（この場合、安殿）は激怒して、「国信は何にもまして重要なものだ。それを失くした者は厳罰に処す」と命じた。おそらく安殿の即位に反対する者たちが、第三船を遭難させ、順宗の勅書を紛失させたのだろう。

それにしても、そのように大切な国書なら、なぜ葛野麻呂自身が所持していなかったのか。しょせん、葛野麻呂も藤原一門だったのである。ただし葛野麻呂が処罰された様子はない。

●「平城天皇即位」の衝撃

翌八〇六（五月一八日より大同元）年、正月は表向き桓武の病のため朝賀を取りやめたとある。

にもかかわらず、多数の叙位者が出た。その中に、最後まで安殿につき従った薬子の兄弟の仲成《なかなり》が大和守《やまとのかみ》になっているところからみて、この人事は安殿の命じた叙位に間違いないだろう。

しかしいつまでも桓武の死を伏せておくわけにはいかない。回鶻に嫁いだ咸安公主の後押しも考えられる。

史書には、ついに「三月一七日、天皇、正殿の寝室で崩じた」とあっけなく記されている。桓武の死に際して安殿皇太子は悲しみのあまり躍り上がり、飛び上がって哭泣《こっきゅう》（泣き叫ぶ）し、立ち上がることすらできなかったという。この安殿の行為を、安殿が父を深く思っていた証拠とする専門家もいるが、大げさな哭泣は、葬儀における中国式作法とみるべきだろう。

参議になった坂上田村麻呂と葛野麻呂が、立ち上がれない安殿の両肩を支えて東廂《ひがしびさし》（東宮殿のこと）に移り、天皇位の璽《じ》と剣を皇太子安殿に奉《たてまつ》った。この時期、安殿としてはこの二人だけは忠臣と思っていたかも知れない。それからただちに使者を伊勢・美濃《みの》・越前《えちぜん》三国に派遣して関を固守させた。安殿反対勢力の侵入に備えてのことと思われる。続いて序文で述べたように東宮の寝殿上に血が灌《そそ》がれたとある。讖緯説的に解釈すると、地上ではなく東宮の屋根の上だから、雲上人の安殿が桓武を殺して皇位を簒奪したという暗示になる。

桓武の死から三年以上、時間をかけても、安殿即位の報は日本全土に衝撃を与えたらしく、三月二一日には月蝕、二二日には日は赤く光なく、兵庫（武器庫）が鳴ったとある。太陽の光が薄いのはしばしば王権の弱体を暗示する。国内では安殿即位を是認、推進する勢力がほとんどなかったことを意味しよう。兵庫が鳴るのはクーデターの暗示だし、この夜にも月蝕があったとある。

月は満ち欠けするのが当たり前なので、中国では日蝕はあっても、月蝕はあまり讖緯説としては使わない。最も近いのは「熒惑入月」（火星が月に入った）だろう。この場合、「宮中に問題が生じ、臣が乱を起こし、殺される者がある」（『宋書』志三）という意味である。

このような不穏な情勢をかきたてた犯人は、藤原氏を母に持つ伊予親王と大伴《おおとも》親王（後の淳和《じゅんな》天皇）だった。特に淳和は平城即位に批判的だったらしく、安殿の即位した五月一日に皇族を離脱することを願い出て拒否されている。五月九日には伊予親王が大宰帥《ださいのそち》に任じられて京を離れることになった。これは安殿が伊予を左遷させたわけではなく、伊予自ら願い出た九州行きだった。

同年三月、「羅紀」（哀荘王七年）に日本国使が来たので王は朝元院《ちょうげんいん》で引見したとある。平城は万が一に備えて、新羅の援軍を期待したとみえる。国内全般にわたって動員する兵を持たない平城の唯一の頼みは新羅だったようである。このような不穏な情勢の中で安殿は、ついに五月一八日に即位式を強行した。

第二章　平城天皇、最大の失政

●空海、遣唐使とともに帰国する

八〇五（貞元二一・延暦二四）年八月、順宗が病のため譲位すると九月に長子の憲宗が即位した。早速、憲宗は翌八〇六（元和元・大同元）年八月に使者を日本に派遣した。このことは日本の史料にも唐の史料にも伏せられている。ただし『旧唐書』（列伝・東夷）に「判官の高階遠成《たかしなのとおなり》が、留学生の橘逸勢《たちばなのはやなり》と空海が帰国を願っているので、自分とともに帰国させたいと申し出たので唐は認めた」とある。

空海と逸勢は安殿の命令で、葛野麻呂の遣唐船では帰国が許されず唐に留め置かれた。これは遣唐使高階（真人《まひと》）遠成の船に、唐使を同道して帰国させるためだったようだ。八〇六（大同元）年四月に空海が越州節度使に帰国を願い出た書簡が残されている。恵果は遺言で空海の帰国を勧めたというが、言うまでもなく恵果が没すると空海は在唐の意義を失ったとみえる。帰国船に橘逸勢が同乗しているが、逸勢が留学の困難から帰国を願う

「啓」（皇太子・皇后などに宛てた文）も空海が代筆している（『性霊集』巻五）。その文に「啓」とあるところからみて、明らかにまだ表向き皇太子だった安殿に宛てた書である。

空海の書から、逸勢の帰国は私的なもののようにみえるが、橘諸兄《もろえ》の曾孫の逸勢は、すでに国内外で文人にして秀才の誉れの高かった人だから、長く在唐して学問する必要はなかった。後、仁明天皇の承和《じょうわ》九（八四二）年、嵯峨上皇の没した年だが、謀反を図ったとして伊豆に配流途中に没した。この時、左大臣だったのが藤原緒嗣である。この事件は「承和の変」と呼ばれている。平城側の空海と逸勢は、唐使を乗せた帰国船に同乗するために帰国を延ばされていたのである。

空海はすでに若い日、唐国に行っていたので、漢文だけではなく唐語もできただろうし、何より唐において著名な日本僧だったので、唐使の案内者として申し分なく平城（安殿）が選んだのだろう。逸勢の場合は若い日、渤海国内を旅行して視察したり、唐国に住んでいたりした国際性豊かな人で、かつ細部に拘《こだわ》らない豪胆な人だったと言われている（『橘逸勢伝』）。逸勢が持つ国際性が平城の気に入り、唐使を接待するのに相応《ふさわ》しいとされたのだろう。唐使と空海・逸勢を乗せた高階の帰国船は大同元（八〇六）年八月に出航し、空海は海上で船中の人々が桓武崩の話をしていたのを聞いたという。

●空海は密かに平城天皇に会っていた

その帰国の船中の話として『帝王編年記《ていおうへんねんき》』（巻一二）は次のような話を載せている。「弘法は野馬台（不明）に赴《おもむ》かんと欲して帰りの船の纜《ともづな》を解いた時、三鈷《さんこ》（仏具。カバー写真の弘法大師坐像が手にしている）を海中に投じて『もし我が伝えるところの教法に感応する地があれば行くように』と誓願した。三鈷は流れ流れて仲秋の頃、日本にたどり着いた。空海が帰国して天皇（平城）にこのことを報告すると、すぐに東寺を賜った」とある。しかし記録によれば空海はすぐには上京しなかったことになっている。

大宰府に到着すると空海は、大同元年一〇月二二日には、入唐判官の高階遠成に新訳経や仏像の目録などを進上したとあり、同地の観世音寺《かんぜおんじ》に滞在していたという（『弘法大師御伝』巻上・『弘法大師行化記』など）。高階の船が葛野麻呂の遣唐船とは別に入唐していたのは、唐使を日本に送るために安殿（平城）が準備した船だったと推測される。ゆえに葛野麻呂の遣唐船が帰国しても、高階の船は在唐したままだったのだ。

空海が高階へ渡した献上品の目録には書簡が添えられており、経論や仏像などの莫大な品々を上京して献上したいという趣旨だった。おそらく、その願いは当時、大宰帥だった伊予親王に反対されたとみえ、空海は観世音寺に滞在したことになっている。しかし記録に残っていないが、唐より持ち帰った献上品を守って空海は密かに上京していたらしい。

その根拠は、空海が平城に灌頂したのは弘仁一三年（八二二）年だが、空海はその時、平城と別れて一七年と言っていることだ（『平城天皇灌頂文《かんじょうぶん》』）。弘仁一三（八二二）年から一七年前といえば数え年で大同元（八〇六）年である。唐より帰国した空海は、極秘のうちに大同元年中に上京して平城に面会し、大宰帥伊予親王が唐使の上京を阻《はば》んでいる実情を伝えたと推測される。『帝王編年記』からみて、東寺の話もこの時、平城から空海に伝えられたのかも知れない。

空海は承和二（八三五）年の最後の上表（『続日本後紀』承和二年正月条）で、弘仁一四（八二三）年の嵯峨天皇の詔《みことのり》により真言宗の僧侶五〇人を東寺に住まわせたとあるところからみて、すでにこの時、東寺が完成していたことを窺《うかが》わせているからである。おそらく平城が空海に東寺建立を約束したのを、後に嵯峨が追認して東寺は完成したのだろう。

それはともかく、平城は空海に早く唐使を上京させるよう伊予あての書を手渡したものと思われる。平城としては即位にあたって唐使を招き、国内外に平城即位の正統性を確認したかったのは当然である。反対に伊予は唐使の上京を阻止して、平城即位の正統性を無に帰したかったのだ。空海は大宰府に帰って当然、伊予に平城の書を渡しただろうが効果はなかった。おそらく伊予は唐使の上京を阻むために、自ら大宰帥として下向することを選んだのだ。

●即位を祝う唐使を、九州で阻んだ者

翌大同二（八〇七）年正月は、桓武の喪中ということで朝賀が取りやめになっているが、伊予は喪中を理由に唐使を上京させなかったと推察する。この唐使が私的な使者でないことは一月一二日、九州の香椎宮《かしい》に大唐の幣を奉じ、一七日には唐国の信物を諸山陵に献じたとあることによってわかる。「諸山陵」とは桓武の陵も含まれるだろうから、九州ではない。唐使が上京したのではなく、京都からの使者が唐使の贈物を受け取りに大宰府まで来たと思われる。

そして八月には神宝と唐国の信物を奉納したとある（『紀略』）。葛野麻呂の遣唐船がもたらした唐の贈物とする考えもあるかも知れないが、葛野麻呂が帰国したのは延暦二四（八〇五）七月で一年半も前の話である。したがってこれら唐国からの品は葛野麻呂ら遣唐使が唐から贈られたものとは考えられない。もし唐使が上京していたとするなら、当然、朝廷は接待せざるを得ないし、国書の交換もあるはずである。その記載がまったくな

いのは伊予側が唐使を九州から上京させなかったからだ。

結論として、九州の香椎宮に唐の幣を奉じているところからみても、大同元（八〇六）年一〇月から翌年にかけて唐使が大宰府まで来ていたことは間違いない。憲宗は祖父徳宗の遺志どおり、即位すると早速、平城即位祝賀の唐使を送ってきたのである。しかし平城の意に反し、唐使は大宰府に留めおかれ、上京できなかった。空海の努力も徒労に終わった。そこで仕方なく唐使は九州の香椎宮に奉幣して帰国したものと思われる。このように平城の意志に反して九州から唐使を追い返した犯人はもちろん伊予親王である。

●最大の政敵・伊予親王を粛清する

安殿の即位を表面上、勧めながら、同時に裏面で阻止しようとし、それに失敗すると平城譲位に暗躍したのは藤原氏本流だった。桓武の死を天下に公表しても、安殿がすぐに即位式を挙行できなかったのも、もちろん藤原一族が安殿を説得して引き延ばしていたのだろう。安殿が藤原氏を信じたという証拠はないが、しかし異母弟ながら伊予親王は信じたらしい。

平城の即位式は八〇六（大同元）年五月一八日だった。その前に、先に述べたように桓武の数ある子弟の中で、安殿より年少だが、藤原氏を母に持つ兄弟の中では最も年長で桓武の信任も厚かった伊予親王を五月九日に大宰帥に任命している。この伊予親王の大宰府行きは一見、京都を離れさせ、左遷したようにみえるが、同年一〇月に空海と共に来日する唐使を九州に出迎えさせるためだったと推定される。伊予はそれを承知で進んで大宰府に行った。

しかしそれは平城天皇にとって、生涯を通じて最大の失政だったといえる。即位の野望を持つ伊予は九州にあって、何としても桓武の喪中を楯《たて》に唐使を上京させなかったのだ。唯一、唐を頼りにようやくの思いで即位した平城にとっては、憲宗の信頼を失うという決定的なダメージとなったのは当然である。

しかも、翌大同二年五月二六日に平城が神泉苑《しんせんえん》に赴いた時、伊予が平城に贈物を奉じ、大宴会を開いたという。唐使を上京させず追い払ったことの大祝賀パーティを開いたのだ。歴史にｉｆは禁物だが、伊予がこの機会を利用して、一挙に平城を葬ってしまえば、伊予が即位した可能性は大きい。いずれにしても唐という後ろ盾を失った平城は孤立無援だったのだから。こうして平城の譲位、そして伊予の即位は目前に迫っているようにみえた。

大宴会の前日、五月二五日、大地震があったとある（『類史』災異五）。地震はクーデターの象《しょう》だから、讖緯説からみれば伊予が平城を招いて謀反を起こす計画をしていたことになる。なぜ伊予は実行できなかったのか。もし平城を葬らねば、唐使を上京させなかったという理由でいずれは自分が殺されるではないか。伊予の母方の祖父である藤原是公は桓武の山部王時代からの近臣だったから、父親殺しの平城即位に伊予が不満を持っていたとしても不思議ではない。

『紀略』には五月一日と六月一五日に「雹《ひょう》が降った」とある。時ならぬ時期に雹が降るのは「雹は陰なる者ゆえ、陽を脅かす」（『漢書』五行志七中下）とある。この場合、陰は伊予で陽は平城にあたる。讖緯説的記述からみても、伊予が天皇の平城の意に反し、唐使を上京させなかったのだから謀反と言えよう。その罪で殺されたとしたら、一般に言われているように冤罪《えんざい》ではなかった。藤原氏に対しては疑心暗鬼の平城も、兄弟ということで、伊予を信用してしまったのが悔いを千載《せんざい》に残すことになったのだ。

平城は自分の甘さに地団太踏んで悔いたことだろうが、それよりも一刻も早く伊予を粛清しなければならない。しかし孤立している平城には伊予をすぐに捕縛するだけの権力と実力がなかったらしい。伊予もまた平城を葬るチャンスを逃した。

この際、両者の対立に決着をつけたのは右大臣藤原内麻呂だった。唐使が上京するのを拒否した事件から一年も経た大同二年一〇月二八日になって、ようやく伊予親王の謀反計画が右大臣の藤原内麻呂に密告されたとある。内麻呂としては表向き平城の即位を主導しなければならなかったが、伊予・淳和など桓武皇子ら反対勢力の圧力に耐えかねていたことだろう。しかし、どう考えても唐使の上京を阻んだ伊予の即位を唐が是認するはずはないし、伊予の即位によって日本が唐の討伐のターゲットになることは論外である。

そこで当然、内麻呂は次なる天皇として、伊予ではなく立太子していた後の嵯峨天皇（賀美能《かみの》親王）を想定していたようだ。国内では通用するが、どっちみち唐使に対する上京拒否は憲宗が知るところとなるだろう。したがって伊予は唐によって早晩、否定される。平城も憲宗の信用を失って譲位せざるをえないだろう。内麻呂が迷った末の結論は、先に伊予を始末すべく、平城に伊予の謀反を内奏することだった。こうしてみると、内麻呂が動かなければ伊予の謀反はそのまま見過ごされたのかも知れないのだ。

当然、平城は伊予の謀反を知っていたにもかかわらず、内麻呂の内奏がなければ伊予を逮捕することすらできなかった。このことをもってしても、桓武時代と違って朝廷における平城の天皇としての権力基盤が脆弱《ぜいじゃく》だったことが推測される。

一〇月三〇日には兵士が伊予邸を包囲し、伊予は捕らえられた。一一月二日には伊予と母吉子が川原寺《かわらでら》に幽閉され、飲食を断たれた。そして一二日に伊予母子は自ら毒を飲んで死んだという。伊予母子は自殺ですんだが、伊予の家臣への拷問や処刑は大陸的で残酷を極めたといわれている。平城は天皇としての権力のなさを、過酷な刑罰で鬱憤を晴らしたようだ。

内情を知らない憲宗にとって、朝廷の唐使への屈辱的応対で、平城に対する信頼は当然、地に墜《お》ちた。こうなると平城が天皇の座を去る日もすでに秒読みの段階に入ったと言える。一方、伊予は自殺した。藤原氏自身は手を汚すことなく本命の賀美能親王（嵯峨）即位に近づけたと言える。空海も大同二年に勅命により大宰府を去ったが、平城譲位後は嵯峨朝に捨て置かれた。

●統治不能

阿弖利為《アテルイ》が処刑された延暦二一（八〇二）年以後、奥州は無政府状態になっていた。延暦二四年一一月から陸奥の内海道（太平洋沿いか）の諸郡の伝馬《てんま》（駅馬《えきば》）が廃止された。存続不能になったとみえる。大同三（八〇八）年五月、陸奥《むつ》出羽守《でわのかみ》按察使《あぜち》を任じられた藤原緒嗣は赴任を固辞したのだが、理由は、陸奥国は疫病が流行り、帰順した者たちは反乱を企《くわだ》てている。それに対して朝廷側の鎮守の兵を募集しても集まらず、人民も逃亡しており、統治できないということだった。

先に述べたように、この状態は空海が少し後に陸奥守になる小野岑行《おののみねゆき》に送った手紙（夷狄たちが村里に現われ人々や牛馬を殺している）に近い。奥州は阿弖利為が殺されて、わずか数年後にはこのような無政府状態になっていたのである。

矛盾しているようだが、唐が衰微するにつれて吐蕃勢力も弱まった。それは漢《かん》が衰微すると匈奴《きようど》の活躍も沈静化したのと同じことである。徳宗が和平政策を採ってから、新しい外国勢の能登半島からの侵入は、駅の廃止をみてもなくなっていたようだ。

同時に朝廷の権威も失《う》せ、すでにこの頃、鎮守将軍兼陸奥介《むつのすけ》は鎮守府（胆沢《いさわ》城）にはいられず、後退して陸奥国府（多賀城）に滞在していた。多賀城以北は朝廷にとって統治不能な状態になっていたのである。大同三年一〇月には能登半島一帯の六駅も閉鎖された。

緒嗣は病弱を理由に奥州への赴任を免じられるよう、何度も懇願したが許されなかった。平城の譲位がほぼ決まった大同四年三月に緒嗣は陸奥に行くことを承諾したが、すぐに平城が譲位しているところからみて、緒嗣は間もなく平城が譲位し、自分はすぐに帰京できることを読んでいたようだ。すでに奥州・東北はたとえ田村麻呂が出向いたとしても、野盗や山賊が横行し、朝廷側の兵力になるようなまとまった集団はなかったのである。それまでも奥州を朝廷が直接、統治するのは無理であった。阿弖利為という仲介者がいて、初めて朝廷の勢力が及んでいたのだ。

阿弖利為亡き後、安殿は頼るべき軍事力を持たなくなっていた。伊予親王によって仕組まれた唐使の上京拒否は平城に対する憲宗の誤解を招いた。そのことと阿弖利為という軍事的バックが失われたことが平城譲位の決定的理由だったと思う。

桓武朝では奥州・東北の蝦狄《かてき》は阿弖利為の支配下にあった。田村麻呂の功績もあって一時、朝廷に反した阿弖利為は桓武朝に恭順した。もし阿弖利為を滅ぼさなければ安殿の軍事力として引き継がれ、平城朝は安泰で続いたかも知れない。軍事力を失った安殿が頼るのは陸奥の黄金しかない。しかし陸奥の黄金も阿弖利為滅亡後、安殿の手から離れてしまったらしい。

●朝廷の財源としての黄金

聖武朝晩年の七四九（天平二一）年に陸奥から金が朝廷に献上されたが、その前から東北や中国東北部では陸奥で金が産出することは知られていたらしい。この時代、奥州を治めていたのは近江（天智）朝系の大野東人だったが、桓武の生まれた七三七（天平九）年に、私見によれば父の白壁王（光仁）も大野東人の奥州征伐に加わった。この時、すでに朝廷側として動いた阿弖利為の祖先が存在していた。その吐蕃の力を借りて、大野東人は陸奥の金を独占するようになった。

このことは聖武朝の天平一二（七四〇）年に起きた「広嗣《ひろつぐ》の乱」時、大野東人が全国的に軍事力を展開して広嗣を滅ぼしていることで想像される。このような大規模な軍事力を持つには財源がいる。東人は長年、奥州に定着して金を私的に使い、軍事力を確保していたと推定される。中国式に言えば私兵を蓄えて土着勢力になっていたのだ。「広嗣の乱」を鎮定すると東人は二年後の天平一四年一一月に没した。

その一年余り後、天平一六（七四四）年一月、聖武天皇の長子安積《あさか》親王が変死した事件の頃から藤原仲麻呂が権力を握りだした。七四九年は陸奥国が金を献上した年だが、同時に聖武天皇が譲位し、光明子《こうみょうし》と仲麻呂が朝廷の実権を握った年でもある。藤原氏は軍事には比較的疎《うと》い氏族だが、仲麻呂は奥州の金を独占することに成功したらしい。そしてこの朝廷への功績が決定的となって仲麻呂が朝廷を牛耳るようになったと思われる。

しかし仲麻呂の金力・権力は、安禄山（「安・史の乱」）側に加担したため、乱が鎮圧されると同時に失われることになる。「安・史の乱」は七六三（代宗《だいそう》の広徳《こうとく》元）年、史朝義《しちょうぎ》が殺されたことによって終焉したが、仲麻呂勢力は翌七六四（天平宝字《てんぴょうほうじ》八）年九月、逃走途中の琵琶湖で仲麻呂とその一族が殺されたことによって終わった。

仲麻呂一族の討伐に加わった山部王（桓武）は仲麻呂亡き後、奥州で最も勢力のあった吐蕃の阿弖利為一族が金を独占していたのを取り返すべく、光仁（白壁王）朝時代、何度も奥州征伐を行なった。しかしはかばかしい成果が挙がらなかったので、即位した後の桓武天皇は延暦八（七八九）年、阿弖利為を攻めさせた。戦いに負けた様子はないが、和平に応じた阿弖利為は再び朝廷に金を献上することと、安殿が中国遠征に向かう時に兵力を提供することで桓武朝から奥州に盤踞することを許されたようだ。したがって陸奥の金は光仁・桓武朝の最大の財源になっていたのだ。この金が新羅の哀荘王に渡した三〇〇両であり、その何倍もの金を使って安殿は唐から、とにもかくにも日本国王に冊立する勅書をもらったと考えられる。

しかし朝廷が阿弖利為を殺すと奥州は混乱し、兵力だけではなく、天皇家への金の流入も止まった。

阿弖利為の殺害は藤原氏に有利に働いた。阿弖利為がいなくなると、藤原一族が土着の蝦夷などを通じて、密かに別ルートで金を手に入れるようになったようだ。平城が腹心の緒嗣に何度も陸奥に行くように強要したのは、藤原氏、おそらく内麻呂など北家の本流に流れている金を天皇家に取り戻したいという願望もあったからではないか。しかし緒嗣にその気はなかった。緒嗣も藤原氏一族だったのである。したがって二度と金は天皇家には戻らなかった。

軍事の扱いには不得手な藤原氏だが、金を手中にすると唐が没落し、日本への政治介入ができなくなったのと相まって平安時代中期以後の専横時代に移行するのである。

第三章　平城天皇譲位の真相

●天皇の失脚を狙う藤原氏

大同三（八〇八）年八月一六日条に、野生の狐が朝堂院《ちょうどういん》の中庭に棲みついていたが、ここ一〇日間、姿がみえないとある（『後紀』）。狐はもちろん藤原氏の意味だが、藤原一族は深く潜行して、平城譲位のためなら暴力も辞さないという結論に達したらしい。それは同月二七日条に「夜、左右兵庫の鉦《かね》と鼓《つづみ》がひとりでに鳴った」とあることで分かる。そして九月一一日条に「金星が昼みえた」とある。「太白（金星）昼見」（『宋書』天文三）は「兵喪」で、戦いがあって兵が死ぬという意味だから、戦いに敗れるという暗示になる。

そして一〇月八日、左衛府《さえふ》（左の近衛軍団）の住居から失火し、一八〇戸が全焼したという。一一月三〇日には今度は右衛府《う》（右の近衛軍団）の住居から失火し、七八戸が焼けたとある。藤原氏は平城天皇が唯一頼りにしている近衛兵を動揺させて、平城の失脚を狙ったと思われる。

大陸に遠征している頃から平城が強力な親衛隊を持っていたことは間違いないだろうし、おそらく来日してからも、新羅人もいる近衛兵以外の軍事力を持たなかったと思われる。しかし、この事件だけで平城を失脚させるわけにはいかなかったようだが、「兵喪」とあるところよりみて、やはり火事によって近衛兵の間に犠牲者が出、動揺が起きたのは間違いないだろう。反平城派は内部からの切り崩しを狙ったのである。

この平城の近衛軍団の住居を焼き討ちした事件は、後の淳和天皇（大伴親王）が主導したのかも知れない。もともと軍事力を持たない藤原氏が最も得意とするのは武力ではなく陰謀だからである。

そこで藤原氏は次の手を考えた。

●唐皇帝・憲宗への密告

翌大同四（八〇九）年になると、にわかに平城の周辺で不穏な気配が漂うようになる。まず一月一五日に「犬が大極殿の西楼に登って吠《ほ》え、数百の鳥が群れをなして、その上を飛び回っていた」とある。

このような讖緯説的な表現は中国にはない。これは日本独特の表現だろう。「犬」は五行思想で言えば、東の方向で日本、「西楼」は西の方向で唐国、したがって意訳すると、「日本が唐国に何かを訴えた」。空を飛ぶ鳥はよそ者の簒奪を意味するから、「よそ者の外来系の平城天皇の廃位を訴えた」と解釈される。

この暗示は平城が即位する前の延暦二二（八〇三）年一二月の、「禁中で狐が鳴いた」とある変異と連動している。つまり藤原氏本流が唐の憲宗に働きかけ、平城廃位の画策を始めたのである。

憲宗は唐使を来日させるまでは平城即位を支持していた。しかし唐使を上京させなかったという屈辱的な日本側の態度に激怒した。そこに藤原氏側から密告があり、ますます平城廃位の意志を持ったようだ。今度は渤海を介して新羅と日本への政事介入に乗り出した。

具体的に、唐と日本の間でどのようなやりとりがあったか分からないが、現実には大同四（八〇九）年二月に平城が病になり、そして四月一日に賀美能親王（嵯峨）に譲位すると宣言した。嵯峨は涙ながらに何度も辞退しているし、国内で紛争があった気配もない。病と言っても平城はその後も生き続けるわけだから、譲位しなければならないほど重篤ではない。皇位は終身制だから譲位そのものが変則である。

ただしこの時、高丘（岳）親王が立太子しているから、平城と嵯峨の間が決定的に割れたようにはみえない。したがって日本の史料からみると、まさに狐につままれたような話なのである。国内で平城退位の根拠も理由も、そして平城を譲位に追い込むような勢力も見当たらないとすれば外圧を考えるしかない。外圧とはこの場合、唐の意向である。そこで平城譲位の謎にまったく具体的な材料なしに迫らなければならない。

平城が譲位を決断するには、のっぴきならぬ理由があるはずだ。

●日本と唐との間を仲介する僧侶

第一に平城譲位宣言の前年二月に、安殿即位の後押しをしたと思われる回鶻の咸安公主が没している。しかし一年も経ているのだから、譲位の間接的な理由になっても、決定的とはとうてい言えない。

八〇四年に出発した遣唐船には最澄・空海の他、興福寺《こうふくじ》の僧侶霊仙《りょうせん》が乗船していた。藤原氏の氏寺である興福寺の僧侶だから、藤原氏系の人であることは間違いない。

霊仙なる人は中国の史料にも日本の史料にもほとんど出てこない人物だが、円仁《えんにん》の『入《にっ》唐《とう》求《ぐ》法巡礼行記《ほうじゅんれいこうき》』にその足跡が残されている。それらによると、八一〇（元和五・弘仁元）年、霊仙は長安の寺で経典の翻訳にあたった。翻訳といっても和訳ではなく、唐の僧侶に混じってサンスクリット語を漢訳するのだから、いかに語学に優れていた人だったかが分かる。その功をもって憲宗の内供奉《ないぐぶ》（皇帝の祈禱僧）に選ばれた。

しかし憲宗の没した八二〇年、内供奉を辞した霊仙は五台山に登り、各寺院を遍歴した。嵯峨天皇はその「功」を聞き、金一〇〇両を渤海僧で霊仙の弟子の貞素《ていそ》に託したところ、霊仙は仏舎利《ぶつしやり》一万粒を朝廷に献じたという。「その功」とあるが、功とは憲宗に嵯峨の即位を進言したことと、私は推測する。

八二五（長慶《ちようけい》五・天長二）年にも、今度は淳和天皇が金一〇〇両を貞素に預けて霊仙に贈ってきた。この頃、すでに憲宗は没しているが、知り合いの宦官らを通じて即位したばかりの淳和天皇の即位を認めさせるためと思われる。貞素は金一〇〇両と書簡を預かり、霊仙のいた五台山の金閣寺に届けた。霊仙は金を受け取り、嵯峨天皇の場合と同様、一万粒の舎利と経典を朝廷に渡すように貞素に預けた。そこで貞素は再び日本に行き、霊仙から預かった品を天皇に献上した。

貞素が日本を去る時、またも淳和天皇が霊仙に金一〇〇両を下賜した。貞素がようやく八二八（太和《たいわ》二・天長五）年四月七日、金一〇〇両を持って霊仙の住んでいた五台山の霊《りよう》境寺《きようじ》を訪ねたところ、霊仙はすでに薬殺されて、この世になかった。その埋葬場所も分からなかったという。この話は貞素の『日本国内供奉霊仙和尚を哭する詩』(『入唐求法巡礼行記』第十四)にみえる。

ただし『類史』(巻一九四)によると、淳和天皇の天長二(八二五)年一二月に高承祖《こうしょうそ》を大使とする渤海使が来日した。その折、前年に朝廷は渤海使の入京を一二年に一度と決めていたのに、霊仙に事寄せて巧みに渤海使が来日したことを当時、右大臣だった藤原緒嗣が怒り、接遇せず帰国さすべきという意見書を提出している。しかし渤海の背後には弱体化したとはいえ唐がいる。

この年一二月には、憲宗の跡を継いだ敬宗《けいそう》がわずか一八歳で殺され、最も唐が混乱している時だった。この渤海使の目的は、霊仙を通じて金を唐朝に渡し、淳和の即位を認めさせるためだったらしい。そこで淳和天皇は翌天長三(八二六)年五月に渤海使を上京させ、高承祖には正三位を授与し、国書を渤海側に渡している。天皇の信書には大略、次のようにあった。

「高承祖ら渤海使が、在唐の霊仙の表物(贈物)を転送するために来日したことは喜ばしい。朝廷からの返礼の品は別便で送らせる。貞素の操行《そうこう》がよくないことは大使の高承祖がよく承知しているから無事だろう」

これからみて、淳和と霊仙の金のやりとりが渤海使来日の主目的だったことがわかる。貞素が高承祖の船に同乗して来日し、淳和から金一〇〇両を預かって霊仙に渡したことは貞素が霊仙を偲《しの》んだ碑で推測できる。それから貞素は霊仙に預かった舎利や経典を持って再び来日し、いつ、淳和に渡したか。それは天長五（八二八）年一月、王文矩《おうぶんく》が大使の渤海使が但馬《たじま》に到来した時と予想される。この時、朝廷は渤海使を上京させず、但馬国司が渤海王の啓を朝廷に仲介している。王文矩は同年四月二九日に朝廷より但馬国司を通じて、応分の贈物を受けたとあるが、帰国の日時の記載はない。

貞素は同年四月七日に、淳和天皇より預かった金一〇〇両をもって霊仙の住んでいた場所に行っている。これをみると、王文矩の渤海使とは別便で一足早く帰国したのだろう。

この頃、渤海使を上京させなかったところをみても、淳和は霊仙を信用していたが、緒嗣をはじめとする朝廷は渤海を通じての唐の政治的介入を極度に警戒していたのが分かる。いずれにしても貞素の操行を心配するほどのことはなく、貞素を通じて霊仙に金が渡されていたことは、貞素の碑の詩から裏付けられる。

ただし、渤海及び貞素が実際に嵯峨・淳和と霊仙の間で金一〇〇両の使いをしたのは、すでに憲宗が没し、霊仙が五台山に去った後だった。霊仙が憲宗の内供奉をしていた時代のことは分からない。

霊仙の仲介を渤海がしているが、当時、唐は儀礼的な平和外交ではなく、日本の朝廷に具体的な介入をする時、しばしば直接ではなく、渤海を仲介させている。

●藤原氏と霊仙は連携する

話を元に戻すと、桓武朝晩年の右大臣は神王《みわおう》だが、平城即位と同時に藤原内麻呂が右大臣になった。内麻呂は北家房前の孫で氏長者である。葛野麻呂は同じ北家でも房前の曾孫で内麻呂とは遠い。そして平城の腹心、緒嗣は百川の長子で式家である。桓武朝の頃は百川がいて式家の勢力は強かったが、平城朝になると、まだ若い緒嗣ではなく北家の内麻呂が藤原氏の実権を握ったようだ。

遣唐使派遣に際して、桓武は最澄を、平城は空海を、そして藤原内麻呂を中心とする北家は霊仙を唐国に送り込んだ。

入唐した時点で、すでに桓武はこの世になかったので、最澄が政治的な動きをした様子はない。平城側の空海は恵果に接触した。しかし恵果は代宗・徳宗・順宗三代にわたって尊重されたが、空海が在唐中に亡くなっている。その上、順宗の次の憲宗は方術（不老長寿を願って金丹などを服用する）に凝《こ》っていたから、仏教に興味を失《な》くしており、平城の目《もく》論《ろ》みに反し、恵果が唐王室に何の影響も及ぼすはずはなかった。したがって空海が恵果に唐室との取り持ちを期待した様子もない。

藤原氏は違った。「狐が内裏で鳴いた」という変異のあった延暦二二年一二月の頃から人選をして霊仙を選び、入唐させた。霊仙は憲宗が方術に凝って仏教に興味がないことを知り、宦官に大金を渡して、翻訳官になった。それを足場に憲宗の内供奉（祈禱僧）になって憲宗に近侍したというのが今の私の推理である。

霊仙が憲宗に近づけたのも、藤原北家からの大金を宦官に献上する形で渡したからであることは間違いない。唐室としても玄宗の若い日、碁仲間に日本僧がいたように外国の情報を直接、入手するにはその国の者を側《そば》近くに近侍させるのが最も正確で早いという利点がある。憲宗にはその思惑があったから、霊仙は藤原氏より渡された金を宦官に贈賄して内供奉の地位を得ることができたのだろう。

したがって霊仙は内供奉に就任する以前から宦官を通じて、藤原氏の立場に立った日本の内情を憲宗に知らせることができたと思う。それが平城についての不利な情報だったことは間違いない。憲宗は唐使に門前払いを食らわせた無礼な平城が、まだ日本国王として居座っているのを知って激怒しただろう。

霊仙がその情報を憲宗に伝えたのは、先に述べた大同四（八〇九）年一月条の犬の怪異（犬が大極殿の西楼に登って吠えた）である。東を表わす「犬」が吠えたのは、日本国から藤原氏が憲宗に何かを伝えたことを意味する。それは唐使を上京させなかったという無礼を働いた平城がまだ在位している事実である。これを「西楼」で表わす唐の憲宗に知らせたという意味と解される。

●誰が新羅哀荘王を殺したのか

同八〇九（大同四）年一月、新羅では哀荘王の一〇年一月条に、「月が畢星《ひっせい》（牡牛座のアルファ星）を犯した」とある。これは革命が起き、王が臣に殺される暗示とされている（『晋書《しんじょ》』天文下）。確かに同年七月条の「羅紀」には、哀荘王は彦昇に殺されたとある。日本では同七月一日、平城の病のため、薬師法を宮中で講じたという。つまり新羅哀荘王の死と平城の退位は、お互いに憲宗の怒りと連動する事件なのである。

ここに彦昇（安殿）が哀荘王を殺したとあるが、彦昇は平城天皇だから、その意志があったにしても直接、新羅に行けるはずはない。もともと中国は朝貢の道を遮断されるのを極端に嫌った。唐によって高句麗が滅ぼされたのも、最初は百済《くだら》の武王《ぶおう》が唐への朝貢の道を高句麗が遮断したと訴えたからである。

同じように哀荘王は葛野麻呂の遣唐使の海路を断った。このことが憲宗の怒りを買い、哀荘王は憲宗と平城という後ろ盾を失った。唐の公認を得て哀荘王を殺した主犯は、後に説明するが、彦昇の子、高丘親王である。憲宗は新羅の哀荘王を殺し、平城天皇を譲位させて、唐使が上京を拒否された怒りの鬱憤を晴らしたのである。

高丘親王が哀荘王を殺したのは憲宗の公然の認可があったからだが、平城にとって哀荘王の死は新羅の王座が空くということを意味した。

●なぜ唐の憲宗は嵯峨天皇即位を知らなかったのか

大同四年一月条（犬の怪異）に暗示される霊仙を介しての藤原氏の密告によって、平城がまだ在位している事実を知った憲宗は、まず平城の廃位を考えた。唐という唯一の後ろ盾を失った平城は、遂に同年四月一日に譲位宣言をした。この過程の証拠はない。しかしこの頃は渤海と日本の間の往来は絶えずあったから、藤原氏から命を受けた霊仙などが宦官に莫大な贈賄をして、憲宗が平城の譲位を決意するよう進言したのだろう。

そして同年四月一三日に嵯峨天皇は即位式を挙げた。嵯峨が即位に至るにはやはり莫大な金を渤海王に贈り、唐の宦官には霊仙などを通じて、さらに莫大な贈賄をした結果だろう。

この時点で憲宗は平城の譲位は承認していたが、嵯峨の即位については宦官から知らされていなかったようだ。憲宗は次なる天皇として高丘親王を指名したのかも知れない。宦官たちも万が一、憲宗に嵯峨即位を知られた時、ただちに高丘を即位させるべく藤原氏を説得して高丘親王を立太子させた。この宦官らの意向に従って嵯峨は不承不承、高丘を皇太子に任じた。

『東宝記』にあるように高岳（丘）親王の立太子は国中を驚かせ、間接的にしろ平城の譲位に繋《つな》がったのは、唐国があまりに天皇の即位や退位に介入することに、藤原氏をはじめとする朝廷が怒りを爆発させたことも原因の一つだっただろう。

このようにして、もともと憲宗に贈られるはずだった金などの贈物は宦官の手許《てもと》に留まり、宦官の恣意で嵯峨の即位は唐に容認されることになった。しかし朝廷は当然、宦官を通じてだが、憲宗の承認があったと思い込んだ。ところが嵯峨の即位に関して憲宗はまったく、かやの外だったことは後の推移から想定される。日本国内の藤原氏勢力の台頭についての内情を憲宗は知ろうともしなかったようだ。

一一年後の元和一五（八二〇）年一月、宦官は憲宗を暗殺している。詳しく言えば、憲宗は日常、不老長寿の薬という金丹を服用していたが、怒りを爆発しやすい人で、多くの宦官が罪を得、殺されたという。

そこで人々は憲宗を非常に恐れていたが、突然、中和殿《ちゆうわでん》（皇帝の住居）で亡くなった。人々は宦官の陳弘志《ちんこうし》が暗殺したと噂したという（『通鑑』下）。まさにその通り、憲宗は非難されるべき人物だが、一方、宦官らは日本への介入に限らず、内密に勝手に権勢を振るい、莫大な贈賄を受けている。このことに感づいた憲宗が苛立《いらだ》っていたことも事実だろう。

●渤海使の来日に怯《おび》える朝廷

同大同四（八〇九）年一〇月、今度は渤海使・高南容《こうなんよう》が来日した。

渤海との正式な交流は延暦一八（七九九）年、朝廷が唐に貢ずるために渤海に預けた金を渤海王の大嵩鄰《だいすうりん》が横領して以来、国交が断絶していた（『桓武天皇の謎』）。一〇年間も国交が途絶えていたのだが、この期に及んで来日したのは大嵩鄰が死去し、大元瑜《だいげんゆ》が即位したので、名目はその報告と国交の復活を願ってのことだろう。しかし渤海使の真の目的は憲宗に指示されて、平城が本当に譲位しているかどうか、その真偽を確かめるためだったと思われる。

平城上皇は渤海使来日の意図を知って、憲宗の怒りに触れぬため、急ぎ平城遷都を計画し、同年一二月四日、平安京を出て木津《きづ》川から船で平城旧京に去った。そして平城京を再建するための費用と人手を集めた。

翌八一〇（元和五）年一月に渤海は高才南《こうさいなん》を大使にして唐に送使しているところからみても（『冊府元亀《さつぷげんき》』（以下『元亀』）朝貢五）、憲宗は渤海と緊密に連絡をとりながら日本に対処していることが分かる。おそらく、高南容は来日して初めて、平城天皇ではなく伊予親王が唐使の上京を阻んだ事実を知った。だが、そうなると逆に嵯峨天皇が簒奪者になる。朝廷は渤海使に内情を知られたくないためか、嵯峨天皇は弘仁元（八一〇・元和五）年の朝賀を取りやめた。

高南容らはようやく四月になって上京を許され、渤海王と日本国王の国書を取り交わして帰国した。

史料では国書の内容は伏せている。すでに憲宗に無断で即位していた嵯峨側には不利な国書だったことは間違いない。憲宗が平城の譲位と高丘親王の即位を命じた国書だったのかも知れない。憲宗はこの時点で藤原氏が推戴《すいたい》した嵯峨天皇の存在すら知らなかったのである。桓武朝時代、渤海は「安・史の乱」や「朱泚の乱」で衰微し、船はほとんど日本が提供していたのに、この時の来日ではその様子がないところをみると、憲宗の肩入れがあって、日本に送使してきたとしか思われない。

第四章　日本を去った平城上皇

●平城京復活計画

嵯峨天皇の弘仁元（八一〇）年四月（弘仁への改元は九月）、高南容を大使とする渤海使が帰国する。その結果、憲宗は渤海を通じて、唐使が上京できなかったのは伊予親王が拒否したためだったことを初めて知った。憲宗が真相を知ったと分かると早速、同年六月二八日に平城太上天皇《だいじょうてんのう》（上皇）は、「観察使を罷《や》めて参議を復す」という詔《みことのり》を出した。大同元年に地方を治める観察使を設置して、そのために参議の役がなくなっていたのだ。

観察使がなくなっても参議が復したのだから、名称と官位が違うだけで、大した問題ではないと思うだろうが、私がここで問題にするのは、官職についての詔を嵯峨天皇ではなく、平城太上天皇が下していることだ。平城は真相を知った憲宗が、ただちに平城を天皇に復帰させると信じたようである。そして桓武天皇色の濃い平安京を捨て、再び平城京を復活させようと目論んだ。

『後紀』の七月一九日条に「皇帝が東宮に遷御《せんぎょ》した」とある。東宮とは皇太子及び皇太子の住まいを言い、この時代、皇帝は唐の皇帝以外に称さない。この場合、平城京が完成するまで、平城が東宮殿に仮住まいするという意味か、あるいは嵯峨が再び皇太子に格下げされたという意味を「東宮（皇太子）殿に『遷御』した」と表現したのか定かでない。両者のどちらが「皇帝」と称したのかも分からない。ただし、この一時期、平城上皇は嵯峨天皇に代わって政務を執るほど実権を握っていたとは言える。

この頃のことを『後紀』は次のように記している。

「平城は五遷の後、平城に都を移そうとした。このことは譲位に背《そむ》く行為である。なお在位中であるかのごとく政令を頻発した。藤原薬子が常に側近くに侍《はべ》り、嘘八百を吹き込んだ。平城は薬子をはなはだ寵愛《ちょうあい》し、その企《たくら》みに気づこうとはしなかった。平城遷都は上皇の意志ではなかった。嵯峨天皇はその乱れを慮《おもんぱか》り薬子の官位を悉《ことごと》く剝奪した。平城上皇は大いに怒り、畿内と紀伊に使者を遣《や》って兵を募った。同時に薬子と同じ輿《こし》に乗り、川口道より東国に向かおうとしたが、士卒たちは皆、逃げてしまったので平城宮に引き返す他はなかった」

私としては平城が「五遷」したとある条に注目する。平城（安殿）が、おそらく平壌で育って各地を転々としていたことが、この条で明らかにされているからである。平城が母方の阿弖利為一族のいる奥州で生まれたとして、成人に近くなって父桓武が新羅宣徳王時代に平壌で父子が対面し、それから唐国に遠征した。さらに平安京に行っているから、確かに平城京に移ると五遷になる。

同弘仁元（八一〇）年九月六日には、平城上皇の命により、平城旧京への遷都のため、田村麻呂と藤原冬嗣と紀田上《きのたうえ》が造宮使に任じられたという。

この平城上皇の度を越えた専横に堪《たま》りかね、嵯峨天皇側は九月一〇日に伊勢・近江・美濃などに使者を遣わし、故関（伊勢・美濃・越前）を封鎖した。ついに平城に嵯峨が実力行使に及んだのだ。

四年前、平城はこの関を封鎖して実力で即位した。この時は坂上田村麻呂が平城側にあり、兵力があったから実力で関の封鎖に成功し、国の内外を問わず平城即位に反対する勢力の侵入を防いだ。今度は嵯峨が平城を実質的に譲位させるために、田村麻呂の推薦した文室綿麻呂《ふんやのわたまろ》をもって関を封鎖し、平城を救援する勢力の侵入を防いで譲位に追い込んだ。結局、最終的には武力がものを言うようである。

嵯峨は平城譲位宣言の勅で大略、次のように言っている。

桓武朝時代に東宮（安殿）付きの女官だった藤原薬子が、さまざまな手を用いて平城（安殿）と関係を持った。遂には平城京遷都を進言して天下を乱した。兄の仲成《なかなり》は伊予親王母子を追放し、虐待した。この故《ゆえ》をもって薬子は宮中より追放し、仲成は佐渡《さど》国に左遷させるというのだった。嵯峨の勅には平城への非難や処罰については一言もない。

また嵯峨は桓武陵に使人を遣わして同じような報告をさせた。使人になったのは、他ならぬ平城の皇太子時代からの腹心、緒嗣だった。

なぜ腹心の緒嗣が、と思われるかも知れない。

平城京遷都には、平城の心を心として、国政についてはまったく配慮しない薬子と仲成以外、一体化して朝廷の人々のすべてが計画に反対だったということである。

国政の安定を思えば、唐の意向ばかり重視し、日本国王の地位に執着する平城の平城京遷都を断念させるしかない。また藤原氏の既得権を否定し、絶対王政を旨とする平城朝を続けさせるわけにはいかない。

さらに決定的なのは、平城の母方からくる異国的な考え方が、朝廷のみならず国民に違和感を与えたこと。そして最大の理由は、平城が父親桓武を殺したことだろう。上層階級では臣下の礼と共に父母への孝を重んじる儒教が教養となりつつあった時代、父親殺しの平城を天皇にいただくわけにはいかないという大義名分は絶対だろう。

唐にとって桓武は反唐の逆賊だから、平城の父親殺しはさほど問題にはならなかったのかも知れないが、藤原氏としては唐に大金を使ってさまざまに暗躍し、ようやく平城譲位を実現させたのではないか。それが藤原氏一族の偽らざる心境だっただろう。この一点で藤原氏の紐帯《ちゅうたい》は強く、平城の側近の藤原氏も例外ではなかった。嵯峨朝になってからも、平城の忠臣だった緒嗣も葛野麻呂も冬嗣も順調に出世していく。

●捕らわれた平城上皇

平城逮捕の発端は同弘仁元(八一〇)年九月一〇日の関の封鎖に始まるが、翌一一日、嵯峨天皇側が平城京にいた文室綿麻呂らを平安京に呼び出し、勾留したことで成功したのも同然だった。綿麻呂は武芸に秀でた人だったので、平城が側近くに仕えさせていたのだろう。田村麻呂は平城天皇に従って平城京に行ってはいなかったようだ。田村麻呂も平城上皇の無謀な計画には反対だったらしい。

そこに嵯峨が放っていた平城京からの密使が来て、平城が朝早く東国に出発したと報告した。四面楚歌となった上、軍事力を持たない平城は海外に逃亡するしかない。田村麻呂＝文室綿麻呂という武人が嵯峨側に付くことによって、事態は大きく平城に不利に転回したのだ。この場合、東国というのは東北でも伊勢でもなく新羅を意味するのだが、そこで嵯峨側は田村麻呂に美濃道（伊《い》賀《が》から美濃に出る道。「壬申《じんしん》の乱」時、大海人《おおあま》が通った）で迎撃させることにした。

この時、田村麻呂は自分ではなく、文室綿麻呂に追討させるよう朝廷に申し出て許可された。武人である田村麻呂は、長年仕えた平城に刃を向ける気にはなれなかったと思われる。嵯峨側は琵琶湖周辺にも兵を配置して、平城が琵琶湖を通って日本海から新羅に逃げるのに備えた。この夜、場所は不明だが、種継《たねつぐ》の長子で薬子の兄である仲成は射殺された。仲成は父の種継同様、父子二代にわたって射殺される運命だったとみえる。

翌九月一二日、平城上皇は大和《やまと》国添上《そえかみ》郡越田《こした》村（現在の奈良市北之庄町あたり）で早くも兵に阻まれて進めなくなった。この時、葛野麻呂らは平城の出発を強く諫《いさ》めたが、平城が強行したのだった。葛野麻呂は最後まで平城と行を共にしていたらしい。しかし日本の史書どおりに解釈するなら、平城上皇の最終目的は平城京に定着することだったはずではないか。なぜ平城京を離れようとしたのか。

平城上皇は兵に囲まれ、初めて自分の敗北を確認したようだ。平城京に戻り、髪を剃《そ》って僧体となった。薬子は毒薬を飲んで自殺したという。

翌一三日に、嵯峨天皇は「葛野麻呂が薬子と情交を交わしていたとはいえ、平城上皇を強く諫めた功をもって処罰しない」との詔を下した。葛野麻呂が最後まで平城に付き添ったのには、薬子の存在があったとは意外で、葛野麻呂の心情は推し量れない。

同時に高丘は皇太子を廃位された。嵯峨は唐の憲宗と全面対決を覚悟したようだ。当時、日本は大金を渤海にも支払って協調関係にあった。それが藤原氏側朝廷の支えとなり、嵯峨の決意を促《うなが》したようだ。

●憲宗の密命

四月に帰途に就いたばかりの渤海使が、同弘仁元（八一〇）年九月二九日に、同じ高南容を大使として再び来日した。即位したばかりの渤海王・大元瑜の書を持ってのことである。九月一二日の平城の捕縛事件があって間もなく来日した渤海使・高南容の目的は、平城の追放を是認し、日本とさらに緊密な関係になるためだったと思われる。

その理由は朝廷が大いに歓待していることでわかる。朝廷は翌弘仁二（八一一）年の朝賀に渤海使を参列させている。これをみても嵯峨即位を少なくとも渤海は認めたのだ。一月二〇日には田村麻呂や葛野麻呂らが遣わされて、朝集院《ちょうしゅういん》（いわば謁見の間）で渤海使を饗応したという。二人とも平城側にあった人だが、詳しく嵯峨即位、平城幽閉の推移を渤海側に説明したと思われる。

　同時にこの時、渤海使は田村麻呂らに憲宗の密命を伝えたらしい。それは平城の新羅への亡命だった。渤海使からの報告で平城譲位を動かすわけにはいかないと知った憲宗は、平城を新羅王に擁立することを決めたようだ。

　新羅の哀荘王はすでに八〇九（大同四）年七月、高丘親王に殺されているから、平城を擁立することは問題はない。高南容らは朝廷と国書を交換して無事に弘仁二年一月二二日に帰国した。この時の国書の内容は開示されているが、表面的な儀礼の書簡で政治的な意味を持つ書ではない。

　藤原氏の暗躍だけでなく、平城が捕らえられた直後、永中《えいちゅう》が少僧都《しょうそうず》に任じられている。永中は桓武時代に渤海と唐との間の仲介をした人だけに、渤海を介して唐の宦官に、平城の廃位と嵯峨即位の理由及び弁明を憲宗に伝えるよう要請したものと思われる。この頃、永中は間違いなく藤原＝嵯峨側にあったようだ。

嵯峨即位の時に立太子した高丘親王は、平城が捕らわれると同時に太子を廃された。そして大宰帥に任じられた。これは高丘にとっては願ってもないことだった。しかしこの頃、すでに高丘は日本にいなかった。朝廷側としては高丘が平城と行を共にし、日本王復帰を画策しなければそれでよかったと思われる。

●新天皇・嵯峨の即位は唐に承認されず

弘仁二（八一一）年四月二七日、渤海に行く使者の林《はやしの》東人《あずまひと》らが朝廷に暇乞《いとまご》いした。朝廷としては当然、永中を介して渤海が憲宗に嵯峨の即位を伝え、憲宗が是認したと考えていた。おそらく林東人ら使者は、渤海を通じて唐に正式に嵯峨即位を承認してもらうために遣わされたと思われる。

ところが約半年後の一〇月二日、林東人が渤海より帰国し、「渤海国王の啓（天皇に対する渤海の国書）が常の例と異なっていたので受け取らなかった」と報告した。嵯峨即位を承認したのは渤海王の大元瑜と多くの賄賂にありついた唐室の宦官だったが、それを知らない朝廷は当然、憲宗が嵯峨即位を是認していると思っていたのだ。そこで唐の実情を知る渤海側は困惑した。渤海は嵯峨を日本王として認めるという憲宗の勅書を、日本側に

歴代王（唐・日本・新羅・渤海）の即位時と死亡（退位）時

※太文字は私見

<table>
<tr><th></th><th>唐皇帝</th><th>日本天皇</th><th>新羅王</th><th>渤海王</th></tr>
<tr><td rowspan="5">8世紀</td><td rowspan="5">徳宗
（780年即位～
805年1月死）</td><td rowspan="6">桓武
（新羅宣徳王）
（784年9月より日本定着。
785年1月即位式を挙げる
～805年1月死）</td><td>宣徳王（桓武）
（780年4月即位～
785年1月死）</td><td>大欽茂
（738年即位～
794年死）</td></tr>
<tr><td rowspan="3">元聖王
（786年即位～
798年死）</td><td>大元義
（794年）</td></tr>
<tr><td>大華璵
（794年）</td></tr>
<tr><td rowspan="5">大嵩鄰
（794年即位～
808年死
※『唐会要』によると
806年死）</td></tr>
<tr><td>昭聖王
（799年即位～
800年6月死）</td></tr>
<tr><td rowspan="9">9世紀</td><td rowspan="2">順宗
（805年1月即位～
805年8月死）</td><td rowspan="3">哀荘王
（800年6月即位～
809年7月死）</td></tr>
<tr><td rowspan="2">平城（新羅憲徳王）
（806年4月即位～
809年5月譲位）</td></tr>
<tr><td rowspan="3">憲宗
（805年8月即位～
820年1月死）</td></tr>
<tr><td rowspan="3">嵯峨
（809年4月即位～
823年4月譲位）</td><td rowspan="4">憲徳王（平城）
（809年7月即位～
824年死）</td><td>大元瑜
（810年即位）</td></tr>
<tr><td>大言義
（813年即位）</td></tr>
<tr><td rowspan="2">穆宗
（820年1月即位～
824年1月死）</td><td>大明忠
（817年即位）</td></tr>
<tr><td rowspan="3">淳和
（823年4月即位～
833年2月譲位）</td><td rowspan="2">大仁秀
（818年即位）</td></tr>
<tr><td>敬宗
（824年1月即位～
826年12月死）</td><td rowspan="2">興徳王
（826年即位～
835年死）</td></tr>
<tr><td>文宗
（827年1月即位～
836年1月死）</td><td>大彝震
（831年即位～
845年死）</td></tr>
</table>

手渡すことができなかったのである。

憲宗は伊予親王が唐使の上京を阻んだという実情を知ってから、平城を譲位させたことを後悔した。そこで、すでに嵯峨が即位した後も嵯峨を日本王として認めなかったのである。

憲宗は会ったこともない嵯峨よりも、唐のために幾度も出兵した平城の功績を高く買っていた祖父・徳宗の遺志に従い、嵯峨を日本王として認知しなかった。困った渤海は何とか誤魔化《ごまか》そうとしたが、話が違うと林東人は渤海王の「啓」を受け取らずに帰国したと私は推測する。つまり嵯峨天皇は唐に公認されない日本王だったのである。このように唐に承認されない嵯峨朝は長続きしなかった。

●新羅へ渡る平城上皇

同弘仁二年は、林東人が渤海に行って正式に唐から嵯峨即位を認めてもらおうとして失敗した年だが、閏《うるう》一二月九日の『後紀』に「日抱翼」とある。太陽が翼を付けたようだというのである。これと同じ讖緯説的表現は当時の中国の史書にはみえないが、似た表現としては「羅紀」景徳《けいとく》王二〇年条に「虹貫日、日有珥」とある。景徳王二〇年は七六一年で、「安・史の乱」がまだ終焉していなかった。景徳王は北からの安史勢力と南からの仲麻呂の新羅征伐計画との挟撃に遭い、私は唐に亡命したと考えている（『桓武天皇の謎』）。

ところで同弘仁二年七月頃から、平城京に詰めていた役人に怠慢の気配がみえたとあるから、すでにこの頃、平城京に平城天皇はいなかった。『後紀』はこの讖緯説で、弘仁二（八一一）年には平城は日本を去った、つまり亡命したと言いたかったのではないか。

先に述べたように弘仁二（八一一）年一月二〇日、渤海使と葛野麻呂と田村麻呂が会見して、平城の亡命について相談した。そして翌二月五日、平城天皇（上皇）を拘束するにあたって功があった陸奥出羽按察使の文室綿麻呂らが、陸奥・出羽の兵二万六〇〇〇人を動員して爾薩体《にさつたい》（岩手県二戸《にのへ》市から青森県南部にかけての一帯）と幣伊《へい》（岩手県上閉伊《へい》郡・下閉伊郡）二村を征討したいと朝廷に申し出た。

この地方は旧阿弖利為の勢力範囲だったから、阿弖利為の残党が残っていたことは確かだろう。三月二〇日に朝廷の許可が下りた時には、すでに三〇〇人以上の俘囚《ふしゅう》（日本に降《くだ》った狄）を従えた大伴今人《いまひと》が当地の六十数人を殺したと報告してきた。

しかし朝廷は綿麻呂の奥州征伐に消極的だった。同年五月一〇日、「城柵の俘囚らは多数いるから、将軍たちが出兵すると反抗することが考えられるので慰撫《いぶ》し、争乱を起こさせないようにせよ」。そして一九日には「征討するには準備が不足で、嵯峨天皇の今年忌む方向は東で木星も東方にあるから兵事は避けたい。来年の弘仁三年六月に作戦を開始せよ」との勅が下った。

しかし同弘仁二年一〇月二日の勅では、「すでに蝦夷を殺したり、捕獲したりしたのが多数いるので、蝦夷の申し出により蝦夷は内地（畿内か）に住まわせ、俘囚は陸奥・出羽の地に住まわせて騒動を起こさせないようにせよ」とある。綿麻呂らは嵯峨天皇の勅を無視して行動を起こしていたのである。

先に述べたように、この年閏一二月九日、「日抱翼」と平城亡命の讖緯的表現があって、同月一一日、綿麻呂はほぼ次のように奏上した。

「賊を全滅させたので、二〇〇〇人の守備兵を置いて後はすべて復員させること、課税を四年間、免除することを要望する」

この後、綿麻呂の奥州征伐は突然、止まった。奥州はすでに統治不能になって久しいのにこの時期、綿麻呂は朝廷の意向を無視してまで、なぜ突然、奥州征伐を強行したのか。綿麻呂の奏上の直前に、「日抱翼」という平城が亡命したという暗示があるのは、綿麻呂の奥州征伐と平城の亡命は関係しているということを『後紀』の編者が後世に伝えたかったのである。綿麻呂は奥州征伐にかこつけて平城を平壌に無事、送るための護衛をしていたのではないか。したがって綿麻呂の奥州征伐に朝廷は終始、消極的だったのだ。

朝廷としては平城が亡命して新羅王になったら、国際的に面倒なことが起きるに決まっている。この際、なるべく平城京でおとなしくしてもらいたいというのが本音だっただろう。しかし唐の憲宗は平城が新羅王になるのを後押しし、また日本国内の葛野麻呂や田村麻呂などのかつての平城の忠臣が動いて、平城の新羅亡命は実現したと思う。

同弘仁二（八一一）年四月条の「羅紀」に「憲徳王は初めて平議殿《へいぎでん》に出て政事を聴いた」とある。平城はこの時はすでに新羅にいたわけだから、綿麻呂が平城を護衛して日本海側から送り出した時期は、実戦のあった三月ではないかと想像される。同年一月二〇日、渤海使と葛野麻呂と田村麻呂が会見したのは、どのようにして無事に平城を新羅に送り出すかという相談でもあったのだ。当時、すでに哀荘王は殺されていたから、新羅に入った平城はただちに新羅憲徳王として政事をとりおこなったのである。同年五月二三日には坂上田村麻呂が没しているが、平城の亡命を見届けられたのは幸いだっただろう。

●高丘親王は平城のために何をしたか

平城は藤原氏の平城排除の陰謀に気がつかなかったわけでも、何もしなかったわけでもない。先に述べたように高丘親王は八〇九年七月、新羅哀荘王を殺している。前年の大同三（八〇八）年条の『八幡宇佐宮御託宣集《はちまんうさぐうごたくせんしゅう》』（薩巻一六・以下『御託宣集』）に、ほぼ次のようにみえる。

「大同三年、昔から新羅王は日本国を所領とする野望を持っていた。一人の賢い新羅王が出て、常に自分に太子が生まれたら聖人と崇《あが》め育て、法力（仏法の力か）を持たせると誓った。そして日本国を守護している明神を水瓶《みずがめ》に駆り籠め、日本の領土を撃たせようと考えていた。生まれた太子は七歳の時、父の新羅王と対面した。

そこで王は太子に聖人の身になり、大徳をもって日本六十余州の明神たちを水瓶に駆り籠むよう命じ、その間に自分が行って日本を討つことにしたという。太子は命にかけて命令どおりにしますと誓い、出家入道して一二年間、修行し、二〇歳頃、新羅に帰ってきた。

新羅王は大いに喜び、早速日本に遣わした。太子は博多《はかた》の港に着き、日本国の諸神を水瓶に駆り籠め、新羅国の群兵を海沿いに招集した。そこで八幡大菩薩《はちまんだいぼさつ》も危うくなったので、一万の僧侶を海辺に集めて西の方に向かって霊山（唐の霊仙に救助を願ったか）の釈迦太師を祈念させ、法力をもって水瓶を破壊したので、新羅王には諸難起こって渡海できなかった」

『御託宣集』は脚色しているが、この場合、父の新羅王は彦昇《げんしょう》（安殿・平城）で、太子は高丘親王に該当する。軍事力のない平城はわが子の高丘を新羅に行かせ、新羅兵を募集して、まず九州を攻めようと博多に行かせた。それが『御託宣集』に反映していると思われる。新羅兵をもって、京都まで攻め上ろうとしたのだろう。しかし成功せず高丘は新羅に去った。平城と高丘の作戦は失敗に終わったのだ。

高丘が九州で軍勢をもって朝廷に抵抗したことは、別の角度から検証される。高丘親王は晩年の貞観《じょうがん》三（八六一）年六月一九日、渡唐のため、自宅の池辺院《いけべいん》から出発した。この理由については別に考証しなければならないので、ここでは云々《うんぬん》しないが、一行が大宰府に到着した時、大宰大弐《だざいのだいに》（長官）の藤原冬緒《ふゆお》と少弐《しょうに》（次官）の藤原貞庭《さだにわ》が騎兵百余人を率いて挨拶に来た。そして貞庭は高丘（真如《しんにょ》上人）のいる場所に留まり、兵を駐留させると申し入れた。

それに対して高丘は、自分の望むところではないとただちに帰らせたという（『頭陀親《ずだしん》王入唐略記《のうにつとうりやつき》』)。藤原貞庭はかつて橘逸勢の起こした「承和《じようわ》の変」に連座したという理由で、左遷させられたことのある人物だった。「承和の変」の首謀者・橘逸勢は、空海と共に帰国した平城天皇の忠臣であり、高丘(真如上人)は空海の高弟でもあった。

このように「承和の変」に関連する人物が高丘のために兵力を動員させると、朝廷に抵抗する軍事的動員と誤解されかねない。そこで高丘は貞庭らを大宰府に帰らせたとする佐《さ》伯有清《えきありきよ》氏(『高丘親王入唐記』)の意見は正しい。高丘は若き日の大同三年、新羅の軍勢をもって大宰府に行き、朝廷を脅かそうとしたのだから、再び大宰府に来たからには、朝廷の不満分子が高丘を中心に集結しようとすることは推測できる。しかし老いた高丘にはかつてのように冒険する気力はなかったようだ。

話を元に戻すが、若き日の高丘は九州での戦いに失敗すると、大同三(八〇八)年二月に新羅に行ったらしい。「羅紀」の同年二月条に日本国使が来たとある。この日本国使はおそらく高丘を意味しよう。「羅紀」には、哀荘王は日本国使を厚い礼をもって待遇した、とあるからである。

こうして新羅に行った高丘(「羅紀」では彦昇とある)は翌八〇九(大同四)年七月、反乱を起こして哀荘王を殺した。唐も先に述べたように、日本の遣唐船を妨害したことをもって哀荘王を否定していたから、問題はなかった。しかし高丘はなぜ、珍しく日本の使者を歓迎した哀荘王を殺害したのか。それは間もなく平城が日本を離れ、新羅王になるための準備だったのだ。

●平城天皇は新羅憲徳王になった

元和五（八一〇・弘仁元）年一〇月、新羅王は息子を遣わして順宗の冥福のために金銀・仏像・経典・幡《ばん》などを貢《みつ》いできたとある（『元亀』朝貢五）。元和五年とは嵯峨が即位した翌年である。哀荘王はすでに前年の八〇九年七月に殺されているので、新羅王の息子とは高丘親王であり、新羅王とは平城のことである。実際は、まだ平城は平城宮にいたが、高丘はすでに新羅にあった。高丘が順宗の冥福のためと称して入唐した時、すでに憲宗は平城を新羅王に擁立すると決めていたとみえる。

この憲宗の構想は高丘だけではなく、渤海にも伝えられた。先に述べたとおり翌弘仁二（八一一）年一月二〇日の渤海使と葛野麻呂と田村麻呂の会合の目的は、憲宗が平城を新羅王に擁立する意思があるので、どのようにして平城を新羅に送るかという相談だったと思われるからである。

田村麻呂は平城を新羅に送るという重任を文室綿麻呂に託した。早速、二月五日に綿麻呂が奥州征伐の許可を朝廷に奏上して、朝廷の認可もろくに得ない中、三月に反抗する奥州勢を壊滅させ、平城を無事、新羅に亡命させることに成功させた。ただし憲徳王（平城）は、「羅紀」では哀荘王の死直後の八〇九（大同四）年に即位したことになっている。

同弘仁二（八一一）年七月一三日条の嵯峨天皇の勅に「聞くところによると、平城宮に詰めている官人たちは勝手放題で当直もしていないという。平城宮に出仕している参議は衛府の官人を監督せよ」とあった。同年九月一六日にも七月と同様、平城宮の官人は出仕しないので監督するようにとの勅があった。この頃の平城宮はまったく機能していなかったようだ。それもそのはず、私見では弘仁二年三月には、すでに平城天皇は平城宮を後にして、存在していないのだから綱紀も緩むはずである。

「羅紀」によると、八〇九（大同四）年に、哀荘王を殺して即位したと言われる憲徳王の名は彦昇で、若い時に中国に渡ったとある。つまり安殿親王なのである。もちろん憲宗はただちに新羅王に冊封《さくほう》している。ただし『元亀』（冊封）や『全唐文《ぜんとうぶん》』（巻一千）などでは八一二（元和七・弘仁三・憲徳王四）年に冊封したとある。

現在、平壌を流れる河は大同江《だいどうこう》と言われるが、少なくとも八世紀前後までは浿江《ばいこう》と呼ばれていた。大同は平城天皇の年号でもある。平城は平壌でもあるのだ。

憲宗は、平城天皇の意志ではなく、伊予親王の策略によって唐使が大宰府から上京できなかった事実を、渤海使などからの報告で間もなく知った。また、藤原氏からの贈賄で目がくらんだ宦官や渤海の陰謀で隠されていたが、嵯峨が即位した事実も憲宗はやがて知った。憲宗が宦官に過酷な刑罰を科したと言われるのは、このような宦官の専横があったからだろう。

ただし憲宗は、嵯峨の即位を知ったのと認可するのは別で、嵯峨即位を容認したわけではなかった。それは日本から渤海に使いした使者の林東人が、何の成果も挙げられず帰国したことでも推定される。

先に述べたように、現実には平城は弘仁二年三月頃、文室綿麻呂らに護衛されて日本海から新羅に入ったと想像される。「羅紀」に同八一一（弘仁二・憲徳王三）年四月、「王が初めて平議殿に出て政事を聴いた」とある時、平城はかつての新羅王子・彦昇として、また新羅の憲徳王として初めて新羅国民に対面したのである。

新羅国民からみれば新羅の侍中として、また将軍として国際的に活躍した人だから、新羅王として違和感のない人物と言えよう。憲徳王という名は憲宗の憲と徳宗の徳からきたものではないか。両者共に平城をバックアップした唐皇帝である。

憲徳王の血統としては元聖王の孫である昭聖王の同腹の弟となっている。私見では、同腹とある天智天皇と天武天皇が兄弟でなかったように、「同腹」とは女系で繋《つな》がり、父系では繋がらないという意味だから、王朝に断絶があった場合の常套語と解していいようだ。

この後、憲徳王は治世を通じて唐を裏切ることはなかったが、それが新羅にとって国難にもなったのである。

それにしても平安時代に入り十数年、嵯峨朝になって、ようやく藤原氏が唐国という外圧を撥《は》ね退《の》け、国内の実権を握ったと言えよう。

第三部

「三人の天皇」をつなぐ空海

第一章　外交交渉と空海の役割

●なぜ空海は京に入れなかったのか

先に述べたように、空海らは唐使と共に大同元（八〇六）年一〇月に帰朝したが、大宰帥だった伊予親王に唐使の上京を阻まれた。唐使は翌年春には日本側の無礼を怒りながら帰国したらしい。九州の観世音寺に滞在していた空海に上京の許可が正式に朝廷から下りたのは、唐使が帰国した後と思われる翌大同二年四月二九日だった（『弘法大師行化記』）。

しかし空海は上京せず、大同四年七月一六日には和泉《いずみ》国の槇尾山寺にいたらしい。槇尾山寺は空海が初めて出家した空海の原点と言える寺院だが、この時、和泉国司宛に太政官府が空海の上京を促す符（通達文）が残されている（『平安遺文』八巻補遺ノ一）。この時期、平城は上皇として実権を握っていたから、空海の上京を再度、求めたのだろう。

大同二年四月に空海の上京が許可されたのは、唐使がすでに帰国したからであることは分かる。しかし、ではなぜ空海は上京しなかったのか。あるいはできなかったのか。

空海の入京を阻んだ者

809年７月、槇尾山寺（現在の施福寺・写真上）にいた空海に上京を促す伝達文が届いた。しかし空海が動いた形跡はない。東大寺（写真下）が阻止したという説もあるが……。

写真／読売新聞社（上）共同通信社（下）

この頃はまだ伊予親王が生存していた。それどころか唐使を大宰府から上京させずに退去させたばかりで、即位すら可能な立場にあった。そこで伊予の一派が何かと理由をつけて空海の上京を阻止したのではないだろうか。

空海が入唐前、僧籍は東大寺にあったので、東大寺が空海の上京を阻んだと推測する説もある。おそらく東大寺も伊予の即位を予想して空海の上京を拒否しただろう。この後、ほとんど空海は東大寺に出入りしていないので、帰国後、間もなく、東大寺から破門されたとみてよいと思う。

先に述べたように大同四（八〇九）年七月一六日、和泉国府に空海の上京を促す符（伝達文）が届いているが、伊予はすでに粛清されているのに、この時も空海が上京したという記録は残されていない。同四年は四月に平城がすでに譲位しているが、まだ上皇として相応の権力を握っていたはずだ。したがって、この時期、平城の意志で空海を上京させようと符を発布したのだろう。

ではなぜ空海は上京しなかったのか。朝廷では唐使の上京を阻んだのは明らかに伊予親王だったが、伊予が粛清されると、すべての責任を唐使の側にあった空海に被《かぶ》せた。それは東大寺にとっても最澄にとっても、大僧都の永中にとっても空海を皇室から遠ざける絶好の機会になる。しかしそれは他者の思惑であり、空海は他者の思惑で行動を左右される人ではない。

弘仁四年の大宰府の知人にあてた書簡の中で、空海は、願掛けしているので山門は出られないと言っている（『高野雑筆集《こうやざっぴつしゅう》』巻上・二四）。この後も高野山に籠もり、京内に住むことはなかった。空海は平城の復位が実現するまで山門を出ないと願掛けしていたのではないか。それが今の私の結論である。

大同四（八〇九）年一〇月四日に、世説《せせつ》の書（劉義慶《りゅうぎけい》の撰八巻）を書き写すよう大舎人《おおとねり》（天皇を私的に世話をする近臣の長）の山背豊継《やましろのとよつぐ》を通じて勅命があったという（『性霊集』四）。この勅命は平城上皇が出したのだろう。今のところ、私は東大寺の僧侶の籍を失った空海を気の毒に思った大舎人の山背豊継が、平城に頼んで世説の書を空海に書いてもらい、ついでに山城国高雄山寺に住むよう手配したのではないかと想像している。

その理由は、高雄山寺の次に住まう乙訓寺《おとくにでら》も山城国だが、空海とは本来、縁のない場所だからである。空海は嵯峨天皇に高野山を喜捨されるまで山城国を離れたという記録はないから、山城国に山背豊継の地盤があったのではないかと想像される。それにしても山背豊継個人の意志だけではなく、そこには当然、平城の許可があったと思われる。

このようにして空海は槇尾山寺を去ると、弘仁元（八一〇）年一〇月には弟子を伴い山城国高雄山寺に行き、そこから、すでに即位していた嵯峨天皇に上表文を送っている。その内容は「自分（空海）は先帝（平城）のおかげで遠く海西（唐国）に行き、恵果《えか》の灌頂《かんじょう》道場に入り、鎮護国家、国家安泰などの秘法を授かった。しかし未《いま》だ試す機会がないので、弟子を率いて高雄山寺で来月一日より、法力が成就するよう修行する」というものだった（『性霊集』巻四）。

●貧困を訴える空海の手紙

空海は翌弘仁二年一〇月二七日まで約一年間、山城国高雄山寺に住んでいたが、不便なため一一月九日をもって同じ山城国の乙訓寺に住むことになった。山城国乙訓郡在住の人々や所司《しょし》（役人）などが協力して、空海のために乙訓寺を建立したと言われている（『弘《こう》伝略頌抄《でんりやくしょうしょう》』）。つまり既成の寺院はどこも空海を受け入れなかったのである。

この時期だが、空海自ら摘んだ乙訓寺の柑橘《かんきつ》を詩に添えて嵯峨に献上している。翌弘仁三年六月七日には狸毛の筆など、同年七月二九日には詩集など雑文を、また同じ頃、劉《りゅう》廷芝《ていし》の書四巻などを献じているが、嵯峨の反応は特になかったようだ。嵯峨にとって空海は平城に連なる要注意人物だったと想像され、この頃、空海の行為に嵯峨が応じた様子はない。

空海は大宰府の知人に次のような書簡（現代語訳）を送っている。

「あなたと大宰府で別れて、今七年になる（空海は大同二［八〇七］年に大宰府を去ったと思われるから、この時、数え年で弘仁四［八一三］年になる）。懐かしく恋しい気持ちは今も止まない。ある人の噂によると、近々、あなたが入京すると聞いた。そこであなたに付いて天皇に拝謁《はいえつ》しようと思うが、私個人の願掛けの期限があって山門を出るわけにはいかない。この理由により拝謁に馳《は》せ参じるわけにはいかない。私の生活は貧しく、三宝（仏・法・僧）に饗応しようと思っても、山寺の台所は物資が乏しくままならない状態にある。そこで米油を贈ってくださるよう、伏してお願いする。また唐国より招来した経典や文書を写して広く読まれることを願っているが、紙筆もまた貧しいがため、購入しがたいので、分けてくださるようお願いする」（前掲『高野雑筆集』巻上・二四）

このように空海は弘仁四年になっても嵯峨天皇に見捨てられたまま、貧困のうちにあったのだ。

それにしても、なぜ空海は必死になって嵯峨天皇とコンタクトを取ろうとしたのか。空海はすでに唐国での名声が高かった。そこで日本国内で東大寺の僧侶として出世したいとか、僧侶としての地位を高めたいとかなど、地位と名声を求めたとは考えられない。嵯峨への献上品が弘仁三年までに集中しており、後はほとんど上表であるところをみると、嵯峨が天皇の権威をもって、譲位した平城を暗殺などに及ぶのを空海は懸念していたのではないかと私は想像する。

平城が穏便な形で譲位したからには、嵯峨はそれを素直に受け止めてもらいたい。そのための助言をしたいという一心で空海は嵯峨に近づこうとしたのではなかったか。その証拠に空海の嵯峨への贈物は弘仁三年をもって、それ以後、ほとんどなくなった。弘仁三年には平城はすでに日本を去り、新羅王になっていたから、空海はこの頃、平城の所在を知って安堵《あんど》しただろう。

空海はどんなに苦境に至り、大宰府の友人に生活の援助を求めても、日本と平城のためを思えばこそ嵯峨天皇に近づこうとしたのであり、自分の地位や名誉のためではなかった。空海は当然ながら矜持《きょうじ》の持主だったのである。

ところが、やがて嵯峨天皇の方が空海を必要とする危急存亡の事件が起きる。

●平城と嵯峨の間の溝

唐が弱体になると吐蕃など異民族だけではなく、土着の各地の軍閥が独立国家のようになり、唐王室に反乱を起こすようになった。中でも唐を一挙に衰亡に向かわせたのは、言うまでもなく中国東北部発祥の「安・史の乱」だった。「安・史の乱」は終結したが、それが契機となって、同地方で間もなく「朱泚《しゅせい》の乱」が起きた。「安・史の乱」には藤原仲麻呂が、「朱泚の乱」には桓武天皇が反乱側として加わっていた。

「朱泚の乱」が終わってから、現在の山東省を本拠にして新羅・渤海にも支配を及ぼす一大勢力となっていたのが、李師道《りしどう》だった。その先祖は李正己《りせいき》（懐玉《かいぎょく》）なる高麗（旧高句麗）人で、「安・史の乱」の時、史朝義を討って功があり、唐室の爵位を受けた。「朱泚の乱」でも反乱側の朱泚と組まず、朱泚が敗れると山東省に唐側として勢力を広げていった。正己は七八四（徳宗の興元《こうげん》元・延暦三）年に没し、唐から大尉を贈られた。息子の納《のう》は七九二年に唐臣として三四歳で没した。徳宗は三日間廃朝（喪に服する）したという。

納の息子、師古《しこ》の異母弟の師道の時代になると、初代正己から六十余年になり、李氏は完全に独立国家の様相を呈した。師道は自分の家臣で鎮外《ちんがい》（領土の周辺）に出兵している大将の妻子を人質にし、帰郷しようとすると一族皆殺しにしたという。師道自身は学問もなく、知識もなかったので、政事上の決裁は蒲大姉という婢《はしため》（下女）がしたと言われている（『旧唐書』列伝　正己）。

この師道の存在は、渤海・新羅・日本という極東国家と唐国との直接の連絡を絶つことになり、憲宗は徳宗と違ってどうしても征伐しなければならない存在と考えていたようだ。唐は八一五（元和一〇）年八月から李師道の征伐を始めた。

日本では前年の八一四（弘仁五）年五月一八日に出雲で俘囚の乱があったが、この頃の反乱は農民一揆と違って単独で起こる場合はまずないので、渤海・新羅の後押しがあったと思われる。同月九日条の『紀略』に「新羅王子（おそらく高丘親王）が来日した際、もし朝貢の志があれば渤海の例に準じるよう。ただし対等な近隣国として修好を願う場合は答礼せず食料を持たせて帰国させよ」という制定をしたとある。次第に日本の嵯峨天皇と新羅の憲徳王（平城）との間に溝が生じている様子が分かる。

唐はこの頃、新羅や渤海はもとより、両国を通じて、翌年、師道を征伐するに際して日本からの援軍を求めようとしていたようだ。閉鎖的で唐に正式には認められていない嵯峨朝は、このような目的で来日する海外からの使者を極端に恐れていたから、出雲から上陸する海路を封じていたとみえる。俘囚の反乱はそれに対する新羅・渤海側の攻撃だったのだ。

新羅王になった平城こと憲徳王は八一一年四月、初めて政事を聴いたとあったが、『元亀』（冊封）などによると、翌八一二（元和七）年に新羅王に冊封されたとある。「羅紀」には同八一二（憲徳王四・弘仁三）年九月条に、使者を北国（新羅では渤海をいう）に遣わしたとある。憲徳王は日本を追われたからには渤海と親交しなければならないと考えたらしい。渤海はもちろん親唐にならざるを得ない国だし、新羅は伝統的に親中国である上に憲徳王自身、彦昇時代から親唐派として戦った。両国が親密になるのに時間はかからなかったはずだ。

●渤海大使は何のために来日したのか

八一四（弘仁五）年九月二〇日、渤海は王孝廉《おうこうれん》を大使にして来日してきた。王孝廉は実際に会ったことはないにしろ、平城を通じて空海と既知の間柄だったと思われる。新羅の憲徳王になった平城と渤海の合意のもとで来日したらしい。

渤海大使の王孝廉は翌弘仁六（八一五）年正月に上京し、朝賀に出席した。禄《ろく》を賜い、従三位を授けられた。この時の王孝廉の詩が『文華秀麗集《ぶんかしゅうれいしゅう》』に残されている。書き下しでは次のとおりである。

「勅を奉じて内宴に陪《はべ》る詩　一首　王孝廉
海国来朝、遠き方より、百年一酔天裳《てんしょう》に謁す。日宮座外何の見るぞ、
五色の雲飛び萬歳に光る」

現代語に訳すと、

「遠方の渤海国より来て、天皇に拝謁して宴を賜り、一〇〇年に一度の大酒を飲んだ。天子の御座《おまし》のあたりには五色の雲が飛び、万年も光り輝いている」

しかし王孝廉は単純に酔っ払っている場合ではなかった。唐から渤海を通じて翌年始まる李師道征伐のため、日本の出兵を求める密命を帯びての使者だったのだから。ただし嵯峨天皇の渤海への返書によれば、渤海使者の任務は表向き八一二年に没した渤海国王・大元瑜の死と、弟の大言義《だいげんぎ》の即位を報じるためだったようだ。国書には先王は長寿を全《まっと》うせず、にわかに亡くなったと聞いて悼《いた》んでいるという条がある。国書の口吻《こうふん》からして先王は内紛によって暗殺されたのかも知れない。

王孝廉は来日中に空海に手紙と詩を送っているが、その返事として、同弘仁六年正月一九日付の空海の王孝廉に宛てた手紙が残されている。それによるとほぼ次のような内容で

ある。
「正月はあまりに寒いですね。大使（王孝廉）は万端順調にいっていますか。消息を聞こうとするが思うようにいかず、参上してお目にかかりたいとも思っていますが、ままならず失意は今さら言うまでもありません。まだあなた方渤海使が日本を去らないのを不審に思っていますが、近いうちに帰国すべきではないでしょうか（本文では「未だ審《いぶか》し、早晩発《いつかほっ》帰《き》すべきや」）」（『高野雑筆集』巻下）
空海は王孝廉がまだ帰国していないのを不安に感じていたのである。空海の予想では日本は唐国の参戦要請に応ずるはずはない。そこで朝廷が渤海大使の王孝廉に対して、どのような処遇をするのか量りかねて、とりあえず王孝廉が一刻も早く日本を離れて帰国することを勧めたのだ。
まして弘仁二（八一一）年四月、嵯峨即位承認のため、渤海に使いした林東人が何の成果もなく、渤海王の啓（天皇への返書）が非礼だとして手ぶらで帰国して以来、朝廷は渤海に不信感を持っていたという事情もある。はっきり言って、空海は王孝廉が滞在中に殺されるかも知れないと恐れていたのだ。結局、同年六月、王孝廉は帰国できず、日本で客死することになる。

●死んだ渤海使を悼む空海の詩

王孝廉の一行はようやく五月に帰国の途に就いたが、一八日、逆風に遭い、船は使用不能になった。そこで越前国の大型船を選定して渤海使を送ることにしたという。そうこうしているうちに六月一四日、王孝廉が死去した。朝廷は正三位を贈ったという。この頃の王孝廉の失意の詩が残されている。

「春日雨に対す。探りて『情』の字を得たり。一首　王孝廉
主人宴《うたげ》を開きて邊庁《へんちょう》に在《あ》り、客酔ひては泥の如く上京《じょうけい》に等し。疑《うたご》ふらくは是《これ》雨師聖意を知り、甘滋芳潤羈情《きじょう》に灑《そそ》ぐならむ」（『文華秀麗集』）

現代語に訳すと、

「春雨を前にし、探して『情』（情の音は庁=京=情である。王孝廉が探し当てたのは、この場合、「京」で京にある天皇の真意を知ったという意味）の字を得た。主人（敦賀《つるが》にある渤海使の領客府《外国の使者を接待する場所》の長）は辺境にあって我々のために宴を開いてくれた。我ら客は上京（故国渤海の首都、龍泉府《りゅうせんふ》）にあるごとく泥のように酔いつぶれた。もしかして雨の神が天皇の意思を知っており、甘く芳潤な雨を降らせたのではないか」

この詩には裏がある。王孝廉はこの時に及んで、初めて嵯峨天皇と朝廷の自分に対する

本心を知ったらしい。
王孝廉は「情」という語に託して天皇の本音を探った。それが題で、「領客府の長が接待してくれたので泥のように酔いつぶれた。雨は天皇の意を知って甘く芳潤に灌いだ」とあるのは逆の意味で、天皇の意をうけて雨は毒薬を降らしているのではないかと、この期に及んでようやく王孝廉は、日本側が自分たちに悪意を持っていることを悟ったのである。
間もなく王孝廉は帰国することなく、日本で客死したのだから、天皇と朝廷の陰謀に気づいた時が遅かったとしか言えない。王孝廉は詩の才能はあったが、大酒飲みの単純思考で政治家には向かなかったのかも知れない。
つまりは空海の危惧したとおりになったのだ。空海は王孝廉の死に接して次のような詩を詠んでいる。
「渤海の大使孝廉中途にして物故するを傷む
一面の新交聴くに忍びず。況《いわ》んや郷国故園の情」（『拾遺雑集』）
渤海の王孝廉が帰国途中で亡くなったのを悲しむという題で、ただ一回の王孝廉との書面のやりとりですら、亡くなったとは聞くにたえない。まして故国の人々や縁者の想いはいかばかりかと察するに余りある、という意味である。

この詩の「一面の新交」とあるところからみて、空海と王孝廉はこの一回の書面を通じてのみの付き合いだったと推測される。新羅王になった平城は嵯峨朝を信用していなかったから、王孝廉が渤海使者として日本に行くに際し、朝廷の外にある空海に知らせ、空海の指示を仰ぐように命じたと考えられる。空海は、嵯峨朝が渤海の要請に応じるはずはないので、大使王孝廉に対する朝廷の処遇に非常に危惧を感じていた。そこで、とりあえず王孝廉が無事に帰国することを願って帰国を促したのである。

唐からの参戦の密命を帯びた王孝廉ら渤海使の来日の意図について、朝廷は百も承知だった。しかも弘仁二年に嵯峨即位の承認を得るため渤海に使いした林東人は何の成果もなく帰国したこともあって、嵯峨朝は唐との交渉で渤海が信じるに足らずと確信したようだ。そこで王孝廉を殺すことによって、唐が日本へ参戦の要求をしていること自体を抹消しようとした。

つまり渤海使が帰国しないことによって、渤海使は来日せず、したがって唐の要請も知らなかったという朝廷の弁解が成立すると判断したらしい。しかも憲宗の側近に霊仙《りょうせん》がいる。王孝廉は「客死」ではなく暗殺された。たとえ、その事実が唐に知れたにしても、霊仙に大金を渡せば霊仙は唐の宦官に贈賄し、憲宗に知られることなく、穏便に事件を処理してくれるだろうという計算があったのではないか。

●日本と新羅に同時に現われた「日蝕」の意味

唐が李師道征伐に乗り出した八一五（元和一〇）年一月、新羅使者が憲宗に呼び出された。使者は宴に招待され、多大な贈物をもらったとある。この年八月、唐は師道征伐を始めるのだから、憲宗の参戦要求に間違いない。

唐が師道征伐を始めた八月己亥朔（一日）条の「羅紀」に日蝕とある。己亥の日蝕は「小人用事」（小人《この際の小人は小国の新羅》をして事《戦い》に用いる）だから、大国の唐が小国の新羅に参戦を要求したととれる。

そこで「羅紀」には、新羅の西部に盗賊が蜂起したので軍を出して平定したとある。新羅は形ばかり唐の師道戦に参加し、半島西部の海沿いに兵を派遣したらしい。この頃、新羅では例年のように飢饉《ききん》が発生していたのだから、新羅にとって迷惑な話だったことは間違いない。

ところが同（弘仁六）年同月同日、日本でも日蝕があったとある（『後紀』）。日本と新羅は近いから実際に日蝕があったとも考えられるが、この場合、両国ともに政治的意味を持つ。新羅は形ばかりでも唐の要請に応じ、参戦したが、日本は参戦しなかったばかりか、二カ月前の六月に渤海使の王孝廉を殺してしまった。唐はもとより、渤海も新羅も日本は敵に回してしまったのだ。

●嵯峨天皇は空海に助けを求めた

窮地に追い込まれた嵯峨天皇が思い出したのは空海だった。唐では知名度が高く、新羅の憲徳王（平城）には厚く信頼され、渤海使王孝廉とも知己の間柄だった空海をおいて日本の窮状を救える者はいない。

翌弘仁七（八一六）年四月には桓武朝以来、渤海との交渉を受け持っていた大僧都の永中（忠）が没している。朝廷は永中を頼りに唐と渤海との交渉をしていたらしいから、王孝廉の事件も永中の作戦に従った結果だったのかも知れない。しかし肝心の永中は、日本がパニックに陥っている最中に没してしまったのだ。

しかも、この王孝廉殺害事件はすぐに新羅憲徳王の知るところとなり、朝廷は完全に窮地に追い詰められたのである。国際性に乏しく内向的な嵯峨天皇と藤原氏は、日本から外国勢を追い払えば済むという尊皇攘夷的単純思考なので外交交渉ができるわけはない。この時には、まだ藤原葛野麻呂は生存しており、正三位中納言という高官だったが、薬子との関係から敬遠されたか、実務には就いていなかった。葛野麻呂は平城天皇の事件以後、唐にも渤海にも、そして平城（憲徳王）からも信頼を失っていたから、嵯峨が葛野麻呂を頼りにするはずはない。彼は三年後の弘仁九年一一月、六四歳で病没している。

そこで頼るのは空海しかいないが、嵯峨天皇が空海に会って、何を頼んだとか、空海がどのように仲介したかなどの証拠はまったく残されていない。空海と平城の緊密な関係からみて嵯峨は気が進まなかったと想像されるが、そんなことで躊躇《ちゅうちょ》している事態ではなかったはずだ。そこは状況証拠に拠《よ》るしかないが、空海が関与したという必然性はある。

まず朝廷はすぐに平和的に渤海との関係を修復することに成功した。これは奇跡に近い。弘仁七年四月に永中が没すると、ただちに五月二日、行動を起こした。渤海大使王孝廉と共に来日したものの王孝廉の死によって帰国のあてがなく、日本に残留していた渤海の副大使らに夏衣を贈り、天皇の国書を授けたのである。内容は急逝した王孝廉の死を悼み、渤海王の近況を問うた平和的な信書だった。朝廷は政策を急展開させ、丁重に残りの渤海使らを帰国させたのである。

このように渤海と平和的に解決するように嵯峨天皇と朝廷に進言し、実行できたのは空海をおいていないと断言する。また理不尽にも渤海大使を死なせながら、百八十度政策転換した日本の平和的な申し入れを渤海が受け入れるに際しても、空海の功績が大きかったと思う。渤海でも唐を通じて空海の名声は高かったから、空海のたっての願いならば聞かざるを得ず、渤海も日本とことを荒立てることを避けたと思われる。

ただし、この年六月、「羅紀」には「望徳寺の二塔が戦った」と日本と新羅の関係が最悪になったことを示唆している。憲徳王（平城）としては唐側として日本が参戦することもなく、渤海大使王孝廉を殺しながら、渤海に謝罪しただけで穏便に渤海との間を解決した朝廷に怒っていたのだ。

しかし新羅には、李師道の反乱を唐側として鎮圧しなければならないという国の事情があり、日本と実戦には至っていない。日本と渤海が和解した後は、憲宗の側近だった霊仙が藤原氏から送られた金で唐の宦官を丸め込み、日本が参戦しないという事実も憲宗の与《あずか》り知らぬこととして抹消されたのだろう。

空海は残されていた渤海使が平和裏に帰国（弘仁七年五月）した翌六月一九日、嵯峨天皇に紀伊国伊都《いと》郡高野《こうや》の峰（高野山）に入定《にゅうじょう》（修行）の場を請うて受け入れられているそれまで空海にはほとんど一顧《いっこ》だにしなかった嵯峨天皇は、空海の要請に応じて高野山を喜捨した。その上、同年八月には屏風《びょうぶ》に空海の書を書かせた（『性霊集』など）。

この後、空海は高野山に定住したが、後に東寺《とうじ》の建設にも関与することになった。そして空海は弘仁一一年一月二〇日には大法師を授けられ、弘仁一四（八二三）年の嵯峨天皇譲位の年に、嵯峨は空海より灌頂を受け弟子となっている。このように王孝廉の事件があってから後、急速に嵯峨天皇は厚く空海を尊崇しはじめたことは事実である。

いずれにしても渤海とは和解し、朝廷は愁眉を開いた。私の想像どおり、空海が渤海との調停に努めたとしたなら、このくらいの恩賞は当然のことと云えよう。

（『高野雑筆集』など）。

第二章　嵯峨天皇譲位

●孤立する天皇

渤海使王孝廉殺害事件をめぐる渤海との関係は、空海の進言で修復したが、依然、嵯峨朝では唐及び新羅との間が険悪なままだった。唐側として出兵しないせいで嵯峨天皇の日本は国際的に孤立していたのである。当時の日本はまだ唐の影響を強く受けていたから、嵯峨天皇の立場は厳しくなった。

国際的に孤立した天皇を譲位させるのは、国内勢力だけで事足りるから簡単である。かつて藤原氏を中心とする朝廷は、平城の唐寄りの国際性と出自に危惧と嫌悪感を持って、平城降ろしに懸命になった。反面、嵯峨や淳和《じゅんな》天皇のようにまったく国際的な知名度がなく、国際的に活躍したことのない天皇は、臣下の都合と合意さえあれば交替させることができたのである。

弘仁八（八一七）年二月辛卯朔（一日）に日蝕があったとある（『紀略』）。この日の日蝕は「臣伐其主」だから、家臣の藤原氏が嵯峨天皇を討伐するという下克上の気配があったことを意味する。同年九月条の同じ『紀略』に「野生の狐が殿上に登った」とある。野生の狐とは藤原氏を言うから、この頃から藤原氏によって嵯峨廃位の陰謀が始まったらしい。この時の右大臣は北家藤原房前《ふささき》の孫の園人《そのひと》だが、間もなく冬嗣《ふゆつぐ》が右大臣になる。嵯峨降ろしの国内での首謀は当然ながら大伴親王（淳和）と冬嗣、そして次に右大臣になる老獪《かい》な緒嗣《おつぐ》と思われる。嵯峨の次に即位した淳和天皇の妃は緒嗣の妹だからである。

弘仁九（八一八）年六月癸丑朔（一日）にもまた日蝕があったとある（『紀略』）。この日の日蝕は「水湯湯」（水が盛んにながれるさま）を言うから、水に比定される臣下の力が強くなったことを暗示する。ただしこの場合の臣下は藤原氏のことではない。「羅紀」にも同（憲徳王一〇）年同月同日、日蝕があったとあるからだ。日本と新羅が同じ日に日蝕があったということは、「水」に比定される日本と新羅（唐の支配下にある）が唐の参戦要求に反発しだしたという意味にとれる。

しかし両国が参戦拒否すれば、それまで唐が黙認していた嵯峨天皇は廃され、新羅憲徳王（平城）も新羅王としての地位を失うことになる。そこで嵯峨天皇は、同月一六日には冬嗣と緒嗣に正三位を授け、冬嗣は大納言に、武官の文室綿麻呂は中納言に任じた。

嵯峨がこの三者を昇進させたのは、日蝕の記述からみて、「日本は唐への救援は不可能だから、唐は嵯峨の譲位を要求してくるだろう。そうならば、まずは国内の基盤を固めるしかない」と判断したのだろう。ところが、この三者は平城天皇の忠臣でもあった。天皇を譲位させる方法には経験がある。しかも唐への出兵を拒否している嵯峨朝に対して、唐はもともと嵯峨朝を公認していないのだから、譲位させても賛同こそすれ反対してくるはずはない。したがって嵯峨の恩賞もさほどの効果はなかったようだ。

●唐皇帝・憲宗の死

新羅ではこの年八一八（憲徳王一〇）年には、この「水湯湯」という讖緯説的記述しかないが、翌八一九年から唐側として実際に参戦したとある。新羅は唐の朝貢国だし、あまりに唐国に依存した国だったため、やむを得ず憲徳王は参戦せざるを得なかったのだろう。

日本では同年七月に「頭が二つある仔を牛が産んだ」という異変の記録があるが、具体的な内容は分からない。一二月には右大臣の藤原園人が没した。嵯峨天皇はことのほか痛惜し、翌年の朝賀をとりやめている。そしていよいよ冬嗣が右大臣になる足がかりをつかんだ。

翌弘仁一〇（元和一四・八一九）年は日本でも新羅と同じように全国的な旱魃《かんばつ》があった年だが、朝廷では動きがない。三月一日に「虹が日を貫《つらぬ》いた」とあるが、中国では虹は不吉な現象とされ、それが王を表わす日を貫くのだから、王者に不吉なことがあったことを意味している。しかしその前後に嵯峨天皇に事件があった様子はないところからみて、憲宗は翌年一月、没したことになっているが、すでにこの頃、殺されたのかも知れず、その暗示と私は考えている。

さらに同年八月一日条に「太白昼見」（『紀略』）とある。金星が昼みえたというのだが、兵が殺され、臣が不正をなし、このため王は交代し、強国は弱くなり、小国が強いという暗示である（『晋書』天文下）。これも同年三月の「虹が日を貫いた」と同じ憲宗の死と関連するのかも知れないが、憲宗の死は意外にも嵯峨天皇にとっても大きな打撃になった。

それは憲宗が没すると、自ら希望したのか追放されたのか分からないが、朝廷との間を取り持っていた霊仙が唐王室から五台山に去ったからである。彼は五台山に去った後も、前述したように嵯峨・淳和天皇とは連絡があるが、直接、唐国と日本との間の政治的取り持ち役をするわけにはいかなくなったのである。その意味を込めて憲宗の死を暗示しているのだろう。

唐の李師道征伐は一旦、中断していたが、八一八（元和一三・弘仁九）年一月から本格的に始まった。この戦いで師道は八一八年中に行方不明になったと『通鑑』にあるが、『旧・新唐書』（本紀・李正己伝）では、師道側に謀反人が出て師道は殺され、八一九（元和一四）年二月に、師道の首が都に送られたとある。

日本では同弘仁一〇（八一九）年六月丁未朔（一日）条に、日蝕があったという記述がある（『紀略』）。丁未の日蝕は「天下に邪気あり。鬱鬱蒼蒼」で、この意味は嵯峨天皇にとって招かれざる客の到来を意味した。

六月一六日に越州（越の国）の唐人らが新羅船で来日したので、唐国の様子を訊ねると「私たちは都から離れた田舎の者ですから、長安のことはよく分かりません。しかし去る元和一一（八一六）年、李師道が兵五〇万を擁して謀反を起こしたので、天子は諸道の兵を徴発して討伐に当たりましたが、まだ勝利していないと聞きました。今天下は騒乱状態です」と答えた（『紀略』）。

この時点で唐人が、同年二月までに李師道が敗れたのを知らなかったはずはない。日本の参戦を促すために、師道の反乱はまだ収まっていないと答えたのだろう。「羅紀」に同

（憲徳王一一）年七月に「楊州節度使《ようしゅうせつどし》が師道を征伐するため、新羅に来て兵馬を徴集した」とある。おそらく、楊州節度使の使者が日本にも参戦させるために新羅から来日したと思われる。したがって師道の反乱とは直接、関係しない兵の徴集要求だった。

もちろん朝廷は応じる意志はない。憲宗はすでに没し、霊仙は唐王室を去る頃で朝廷の役には立たない。嵯峨天皇と朝廷は窮地に立たされたのである。

●海外出兵の要請に日本はどう答えたか

日本が唐や新羅の意に反して参戦しないという事実は、ただではすまないことになる。同弘仁一〇（八一九）年一一月から翌弘仁一一（八二〇）年にかけて渤海使（大使李承英《りしょうえい》）が来日し、翌年、朝賀に参列している。この時の渤海使の到来以前に、渤海は慕感徳《ぼかんとく》なる人物を大使にして日本に送使してきていたらしい。

ところが渤海使が日本に到着する前に、風波によって船は遭難したという。朝廷は彼らを助け、日本の船で帰国させた。その時の天皇の渤海王への啓（ほぼ対等な相手への書簡）に対する返事を、今回の渤海大使・李承英がもたらしたというのである。ところが朝廷は遭難した渤海使者に勅書を下した覚えがないと抗議している。日本にとって渤海使は唐の参戦要求を日本に突きつけ、警戒心を募《つの》らせるだけの存在になっていたことは間違いない。したがって慕感徳ら渤海使の来日を阻んだのは風波だけではなく、日本側が攻撃して難破させ、入国させなかった可能性がある。

反面、朝廷は事を荒立てないために渤海船を手厚く遇し、本国に送還させたのではないかと推測される。

したがって慕感徳が大使の渤海船は日本に到着する前に難破したのだから、天皇の渤海王への啓などあるはずはない。明らかに慕感徳は、自分の役目を果たしたようにみせるために渤海王に偽の「啓」を渡したと思われる。

慕感徳の工作も渤海・日本両国の知るところとなったが、この時期、渤海は唐よりも新羅憲徳王にせかされて、日本に参戦要請のため何度も来日せざるを得なかったのである。

それに対して日本は暗黙のうちに、あるいは実力で来日に抵抗したにもかかわらず、再び李承英ら渤海使が強引にも来日した。この渤海使は表向き、八一八年に即位した大仁《だいじん》秀《しゅう》の即位報告だったと思われる。

しかし引き続く渤海使の到来は嵯峨天皇譲位の助走だった。それは渤海使来日中の弘仁一〇（八一九）年一二月乙巳朔（一日）の日蝕で暗示されている。この日蝕の意味は「東国発兵」である。おそらく東国の日本に再度、出兵を促す使者であることを『紀略』は暗示したのだろう。

しかし嵯峨朝が海外に出兵した様子はない。この頃、日本は東北にまとまった兵力はなかったが、九州では多少の兵力はあったと思われる。しかし中国出兵の経験のある将軍はいなかったのである。海外遠征を主導できるのは海外で育った彦昇（平城）のような海外の事情に明るい人物に限られる。このことを唐国はまったく配慮しなかったのだ。したがって嵯峨朝としては、何としても外圧を無視して耐え忍ぶ他はなかったのである。李承英ら渤海使は朝賀に参列し叙位されたが、一月末に日本の援軍を得られぬままに帰国の途に就いた。

二年後の弘仁一二（八二二）年一一月、今度は王文矩《おうぶんく》らを大使にして渤海使が再び来日した。大言義の後を継いで渤海王となった大明忠《だいめいちゅう》は即位一年後の八一八年に没した。そしていとこの大仁秀が即位した。その大仁秀は、新羅の憲徳王（平城）と緊密な関係にあったらしい。この時の渤海使と共に高丘親王が来日している。

『紀略』には同一一月二七日に「ミサゴが魚を取って紫宸殿《ししんでん》の前の版位《はんい》（官人の位置を示す標）に集まった」とある。魚は下克上を表わし、鳥（ミサゴ）は外国からの参入を意味するから、この異変は今回の渤海使は嵯峨朝にとって不吉な外来者であることを暗示している。つまり高丘親王の来日である。しかも朝賀に参加した時、高丘親王は四品を授かっているところからみて、朝廷に復帰したらしい。

嵯峨天皇は高丘親王の来日を忌避したかっただろうが、高丘は嵯峨天皇を譲位させ、淳和天皇を即位させるという新羅憲徳王（平城）らの命を帯びての来日だったようだ。唐と新羅の憲徳王（平城）は、何としても日本から唐への援軍を派遣するために、抵抗する嵯峨天皇の廃位を考えたらしい。王文矩ら渤海使は、弘仁一三（八二二）年一月末には、ひとまず帰国の途に就いた。

●新羅の内乱

先に述べたように、八一九（憲徳王一一）年七月条に、李師道が謀反したので揚州節度使が新羅に派遣されて兵馬を徴集した。憲徳王はその命令により武装した兵、三万を順《じゅん》天《てん》将軍の金雄元《きんゆうげん》に率いさせ参戦させたという。

新羅の参戦は確かなようで、翌八二〇年七月、すでに穆宗《ぼくそう》時代だが、「平盧軍新加押新羅・渤海両蕃使に印一面を賜う」などと戦後の恩賞らしき記述が『旧唐書』（本紀）にみえる。しかし八一九年二月には師道の首は長安に届いていたはずだ。ただし名目は師道の反乱だが、憲宗時代になると再び吐蕃が反乱を起こし、憲宗末期のこの時期、一段と攻勢を強めているから、その対策ということが考えられる。

それに憲宗は翌八二〇年一月に殺されたことになっているが、『旧唐書（本紀）』によっても実際に没したのは八一九年七月以前だったらしいことが暗示されている。七月一日条に「月が心大星を覆う」とある。「心大星」がどの星を指すのか分からないし、天文異変にも出てこない星であるが、「月が太白（金星）を覆う」というのは、よく出てくる天文異変で、強国の君主の死を暗示している場合もある（『晋書』天文中など）。そして群臣は「元和聖文神武法天応道皇帝」という尊号を奉じたとあるが、この尊号は死後の諡《おくりな》ではないか。

そして君主の死や即位の時によくある「天下に大赦（罪人の放免）した」とある。憲宗は殺されたのだから急死したのは間違いないので、私はこの条のある七月以前、三月一日条の『紀略』に「虹が日を貫いた」とある時に憲宗は殺されたと推測した。中国では虹は不吉な前兆とされ、日は王を表わすから、虹が太陽を貫くという意味でクーデターにより王が暗殺された場合にしばしば用いられる。翌年一月の憲宗の死の公表は不慮の死だけに、むしろ早い方だったともいえる。

そうすると揚州節度使が新羅に来て兵を徴発した七月の時点では、とうに師道の謀反は討伐され、すでに憲宗もこの世にいなかったことになる。山東省は李師道亡き後も混乱状態にあっただろうし、吐蕃の反乱があったから、李師道が謀反したという理由で、東の新羅と南の南京から出兵して山東省を鎮圧しようという計画だったのかも知れない。しかしこの頃、新羅では例年のように旱魃で、それに伴う飢饉に全国が悩まされていた。出兵した憲徳王の意図は分からないが、この暴挙とも言える出兵もあって、やがて新羅に内乱が起きてくる。

唐では憲宗が没して、三男の穆宗が八二〇年一月に即位したが、不老長寿の薬と称して金（金丹）を常服していた。穆宗は病弱で実質的な政務は行なえず、四年後の八二四年に三〇歳で病没した。しかし穆宗が即位すると同八二〇年一一月にも新羅は朝貢し、穆宗は麟徳殿《りんとくでん》で接待したという（「羅紀」）。この時の新羅の朝貢は同年七月に下された参戦の恩賞に対する返礼だろう。

しかし新羅ではここ数年間飢饉が続いていた。唐国との関係はよくても「羅紀」には不穏な讖緯説的な記述が数多くみえ、具体的には民は餓《う》え、子を売って凌《しの》ぐ状態だったとある。もともと土着の新羅人ではない憲徳王（平城）は、内政にほとんど関心がなかったとみえる。

八二二（憲徳王一四）年三月、熊川州《ゆうせんしゅう》（公州・かつての百済領）の都督《ととく》、金憲昌《きんけんしょう》が反乱を起こし、国の名を「長安《ちようあん》」とし、慶雲《けいうん》元年という元号を立てた。半島南部のほとんどの地域は憲昌を恐れて憲昌に服したという。憲徳王は将軍八名に命じて王宮を守らせ自ら出兵したので、憲徳王軍は大勝して憲昌は自殺したという。

内乱の鎮圧には成功したが、この後、新羅国内は騒然とした状態が続いていた様子が讖緯説的記述で暗示されている。たとえば異常に大きく、五尺もある人間の目をした怪鳥が現われたり、月の色が血のようになったり、太陽に黒い斑紋が南北に架かったりしたという。これらの讖緯説的表現の具体例はないが、新羅国内では反憲徳王の機運が高まったことを暗示している。

●空海、平城天皇に灌頂する

このように新羅が騒然となった八二二（弘仁一三・憲徳王一四）年のこととして、空海による平城天皇への灌頂文が残されている。その一部を引用する。

「幸に諸仏の応化、金輪運啓の朝に遭《お》うて、大同元年をもって曼荼羅《まんだら》ならびに経等を奉献す。爾しより已還《すでにかえる》、愚史感なく、たちまち一七年を経たり。天、人の欲《よく》に従い、聖、人の心を鑒《かんが》みたもう。因縁感応の故に、今日、竜顔を拝し奉って、愚誠を遂ぐることを得たり」

意味は「幸いにも仏心の篤い平城朝に出会い、大同元（八〇六）年に曼荼羅や経などを奉献いたしました。しかし帰国しても愚かな私は何もしないうちに、たちまちのうちに一七年（弘仁一三・八二二）も経てしまいました。天は人の欲に従い、聖人は人の心を思いやられます（平城は空海の心を察しているという意味）。いろいろの前世からの因縁によって本日、平城天皇にお目にかかることで、愚かな私の真心を尽くすことができました」（「大和尚平安城太上天皇の奉為の灌頂の文」）。

数え年でいえば、八〇六（大同元）年から八二二（弘仁一三）年までは、間違いなく一七年間である。やはり空海は大同元年に密かに上京して、平城に会っていたのだ。

そして内乱があった後の憲徳王が最も危機にある時、空海は平城天皇に灌頂したことになる。

ただし平城天皇は平城宮に幽閉されていることになっているから、そこに空海が訪れて灌頂したというのが常識だろう。そうすると、平城は新羅王になったという私の説は砂上の楼閣のような空論になってしまう。ところが『如是院年代記《にょぜいんねんだいき》』に次のようにみえる。

つまり、

「天長甲辰七月天皇崩。寿五十一歳。弘法帰朝」

「天長元（八二四）年七月、（平城）天皇は崩じた。年は五一歳だった。弘法大師空海が日本に帰国した」

この記録では、空海は平城天皇が没した八二四年まで新羅にいて、日本に帰国したことになる。しかし空海は前年の八二三年には帰国していたようだ。

灌頂は出家する時に行なわれるが、死に際しても行なわれる。『如是院年代記』は平城が出家した時と、没した時を混同しているのではないか。しかし、この記述を無視するわけにはいかない。もし空海が新羅に行って平城を灌頂したとするなら、いつ、どのようにして新羅に行ったのか。

●空海は高丘親王とともに新羅に渡る

弘仁一三（八二二）年一月に帰国した渤海使船には高丘親王と空海が同船していたらし

い。彼らは新羅まで送ってもらい、憲徳王に面会した。そして空海は平城（憲徳王）に灌頂した。それまでの「山門を出ず」という自らの願掛けを破ったのだ。空海としてみれば、これが今生《こんじょう》の別れになるという予感があったのではないだろうか。

しかし空海は平城に灌頂するだけでなく、重大な任務を負っていた。それは翌年の嵯峨天皇譲位をスムースに成功させることだった。

どこの国でも、もちろん日本でもそうだが、かつては王権の移行は戦乱、内乱そして暗殺という手順を踏んで成立した。譲位、禅譲といっても、そこには暗殺が隠されている場合が多い。嵯峨天皇と次の淳和天皇は同年であるから年齢による退位でもない。常識からみれば嵯峨天皇が特に暴君だったとは言えないし、譲位しなければならない理由は何もないはずだ。ただ唐に受け入れられなかったこと。唐側として参戦しなかったので、唐は嵯峨天皇の廃位を迫ったのだろう。

憲宗も没し、憲宗の側近で朝廷との間を取り持っていた霊仙もいなくなると、日本は宦官を金で懐柔することもできなくなった。唐王室自身、衰退の一途を辿っていたから、日本に対して期待も当たりも強くなり、藤原氏として、大伴親王（淳和）の存在とあいまって、これ以上、嵯峨朝を持ちこたえられなくなったというのが真相ではないか。

そこで親唐派の新羅憲徳王（平城）が仲介し、嵯峨譲位で唐の顔を立て、淳和即位で平和裡《り》に収めようとした。淳和ならば母が藤原百川《ももかわ》の娘で緒嗣とは姉弟（あるいは兄妹）だから、朝廷の実力者、緒嗣も納得しようというものである。

それに憲徳王の息子の高丘親王が淳和朝の成立に尽力したとなれば、淳和朝も高丘親王の朝廷復帰を容認せざるを得ないだろう。父親として憲徳王にはこのような計算が働くかも知れない。

しかし平城（憲徳王）に淳和即位の案を説得できる者はいるのか。淳和はもともと伊予親王に近かった人らしいから、平城の気が進まなかった可能性は強いのだ。そこで空海が平城（憲徳王）に対面すれば、何も言わなくても平城は唐に淳和即位の報告の労を執《と》るだろうと緒嗣以下の朝廷は考えたのだろう。

空海もまた平城に再会を果たし、灌頂できるとは夢のような話で、珍しく冷静さを欠いていたかも知れない。淳和即位はこのようにして実現した。しかし淳和天皇を即位させたことは新羅憲徳王の平城上皇にとっても、そして朝廷にとっても大きな誤算になったのである。

●天皇三代が寄せる絶大な信頼

空海は翌八二三年の嵯峨譲位の年、嵯峨上皇にも灌頂している。

淳和天皇は天長四（八二七）年に空海を大僧都に任じているところからみても、最初は空海を疎外した様子はない（『東寺王代記《とうじおうだいき》』）。

兄弟の王位継承において内乱にもならず平穏に行なわれたのは、ひとえに平城・嵯峨・淳和天皇三代にわたって空海への信頼が絶大だったからである。この後、天皇家は具体的には南北朝に至るまで、天皇位を争っての戦乱はなかった。空海という一人の宗教家が果たした日本への貢献を改めて考えさせる。では平城・空海・高丘による嵯峨譲位、淳和即位の決定はどのようにして朝廷に伝えられたのだろうか。

嵯峨が譲位した弘仁一四（八二三）年一月五日条の『紀略』に「西南の空に箒星《ほうきぼし》が現われた。三日後に消えた」とある。箒星とは客星で国外からの侵入者を意味する。西南に現われたとあるのは「新羅から西南の大宰府を経て高丘親王と空海が帰国した」という意味だろう。空海はすぐに高野山に籠もって政争には関与しなかったと思うが、朝廷にとって高丘の再来日は嵯峨譲位を促す悪い知らせの箒星であることは間違いない。

帰国した高丘が朝廷に、平城（憲徳王）が嵯峨の譲位と淳和即位に同意したことを伝えると、朝廷は平城の意向を楯にして同年四月一六日、嵯峨天皇を譲位させた。そして異母兄弟の淳和天皇が即位した。淳和は嵯峨と同年で、母は藤原式家の桓武の側近、百川の娘旅子《たびこ》である。そして緒嗣は百川の息子だから、淳和は緒嗣の甥《おい》にあたる。嵯峨の譲位には緒嗣の暗躍があったと推量するが当然だろう。

平城太上天皇は嵯峨の譲位にあたって、太上天皇の尊号を嵯峨に渡すことを申し入れ、嵯峨が断わっている文が残されている。結局、嵯峨は淳和天皇にも勧められ、太上天皇になるのだが、平城としてはここで日本との関係を完全に断ち切って、新羅憲徳王として生きることに決めたようだ。国内は内乱続きで王座も揺るぎがちなので、新羅に仮寓《かぐう》している王との印象を吹っ切り、新羅王として新羅国内と唐の心証をよくしようという配慮が働いたのかも知れない。

平城上皇は淳和がもともと自分に好意を持っていないことを知っていた。淳和が即位すると平城はただちに平城京に詰める役人らを停止し、平城京の官人たちを朝廷に返却するよう命じたとある。ただし、まだ表向き平城上皇は平城京に住んでいることになっているのにこの処置はおかしい。おそらく淳和が命じたというのが真相だろう。平城がすでに平城京に定住していないという事実は国内外の公然の秘密になっていたのである。

第三章　平城天皇の死を悼む空海

●なぜ淳和朝は正史から抹消されたのか

この時代の正史は、藤原緒嗣・冬嗣が編纂《へんさん》した桓武天皇から嵯峨天皇にいたる『日本後紀』から、藤原良房《よしふさ》の編纂した『続日本後紀』に続く。そこで『続日本後紀』は嵯峨朝の次の淳和朝から始まるはずだが、淳和朝の次の仁明《にんみょう》朝から始まっており、淳和朝が抜けている。つまり淳和朝は正史から抹消されているのである。淳和朝については逸文として残された『紀略』『類史』などの傍系の史料によるしかない。その理由は何だったのか。

淳和天皇が弘仁一四（八二三）年四月に即位して、早速した行為は伊予親王とその母の尊号復活だった。つまり淳和は平城に殺された伊予親王側の人だったのである。翌天長元（八二四）年七月の平城の死にあたって、淳和は平城天皇が伊予親王母子を殺害し、多くの人々が連座したこと、薬子を寵愛し政事を委ねて政変を起こしたことなどを誄《しのびごと》（追悼の辞）で取り上げているのだ。

確かにそうだが、死者の失政を蒸し返すという誅は異常ではないだろうか。淳和の在位期間はほぼ一〇年で仁明天皇に譲位するが、このような偏狭な性格も譲位に拍車をかけたのではないか。

淳和朝の記録が正史から抹消されたのは偶然でもなく、後年、紛失したのでもなく、淳和が天皇として記録を残すに値しない人物と考えられたからである。その理由は淳和朝をみれば、ほぼ推察できる。

●新羅王としての平城の危機

唐の穆宗は八二〇年に即位してから、病弱でほとんど政務が執れなかった。それをよいことに中国では全国的な反乱が起きていた。吐蕃だけではなく、南は南詔《なんしょう》（雲南）、東は幽州（北京）を中心にした、もと慕容《ぼよう》氏系と思われる燕《えん》人（慕容氏の国名は燕）などの反乱である。

特に燕人の反乱が新羅と日本にどのように関係しているのか具体的には分からないが、間接的には渤海使の到来があった。淳和の即位した弘仁一四（八二三）年一一月二二日、渤海が大使高貞泰《こうていたい》をして一〇〇人余の人員を率いて加賀に到着したと加賀国から報告があった。一〇〇人もの人員は戦闘を予想してのことである。朝廷は当然、警戒した。

この日、大蔵省から出火があったという。犯人は盗人だったという報告だが、渤海使の到着と同時に朝廷内を混乱させようとした何者かがいたらしい。この普通でない渤海使の来日に朝廷は警戒し、一二月八日の渤海使の来日の理由を聞く使者を加賀に行かせるのを取りやめている。あるいは来日の理由を聞くまでもなかったのかも知れない。同月二三日は空海ら僧侶を正式な天皇の座所である清涼殿《せいりょうでん》に招いて、夜通し勤行《ごんぎょう》をさせたという。

空海はこの時まで入京した様子はないが、平城（憲徳王）の危機を知って急遽、駆けつけたようだ。実はこの時、憲徳王は内乱で最大の危機に陥っていたのである。

翌天長元（八二四）年二月三日、淳和天皇は渤海使を上京させず、好風を待って帰国するように命じた。しかし渤海使は五月になっても加賀にいたようだ。天皇が五月一五日に捺印《なついん》した勅書を渤海使に渡したとあるからだ。

空海は淳和が渤海使を日本に逗留《とうりゅう》させたことを非常に憤慨していたらしく、同天長元年六月一六日付で少僧都の辞表を提出している（『弘法大師行化記』）。もちろん受理された様子はない。

●空海が出した「辞表」の意味

渤海使が来日した八二三年は新羅憲徳王の一五年だが、「羅紀」には讖緯説的変異の記事がほとんどである。

まず、一月に西原京《せいげん》（清州《せい》）に蟲《むし》が天から墜ちたとか、四月には流星が天市（不明）に出て帝座を犯したとある。さらに鼓《つづみ》（戦いの合図か）を打つような音がしたとか、秋、時ならぬ雪が降ったとかである。いずれも具体的な事例は記されていないが、内乱があり、王座が揺らいでいるという暗示であることは間違いない。

新羅にとって憲徳王は平城天皇でもあるから異邦人である。国内が旱魃で疲弊しているにもかかわらず、唐国のために参戦までした。国内の憲徳王への信頼は地に墜ち、国民の不満は極限にまで達し、大臣も将軍も兵士も憲徳王の意に従わなくなっていたらしい。つまり八二三年は新羅が内乱状態で憲徳王の王座は累卵《るいらん》の危うきにあったのである。

そこで憲徳王は親交する渤海に救援を求めた。求めに応じて渤海は一一月に高貞泰率いる渤海勢を日本に寄港させ、さらに日本からの軍勢と合流して憲徳王の救援に向かおうとした。しかし淳和天皇の朝廷は、高貞泰ら渤海勢の日本滞在を長引かせ、新羅に行かせないようにした。ようやく渤海勢が日本の援軍をあきらめて、新羅に向かったのは翌八二四

（天長元）年六月頃だったと思われる。同六月一六日には空海は辞表を提出している。憲徳王の死は翌七月に公表された。おそらく当時の例からして、もっと早く、憲徳王は暗殺されていたと思われる。

いくら日本に軍勢がいないとはいえ、天皇の下命ならば大宰府からでも一〇〇名くらいなら兵力を調達できないはずはない。しかも大陸ではなく新羅への出兵だから、大陸での戦いの経験がない将軍でも可能だろう。ただし平城を新羅に送ったとみられる実力者、文室綿麻呂は淳和が即位した八二三（弘仁一四）年四月に右近衛大将・兵部卿の地位で没している（『公卿補任《くぎようほにん》』）。

それにしても、淳和が平城（憲徳王）のために新羅に援軍を送る意思がなかったと言う他ない。空海が辞表を提出したのは新羅憲徳王（平城）を救援しなかったことへの不満の意思表示だったのだ。この時点で空海は早くも淳和に絶望したとみえる。

高丘親王はこの頃、空海の弟子として東寺に住んでいたらしい（『続日本後紀』承和二年正月条）。僧侶となった高丘には、兵力を結集するだけの力はなかっただろう。かつて中国に遠征した彦昇の東北の軍勢は、田村麻呂を通じて、もともと吐蕃だった阿弖利為《アテルイ》の手勢だった。この東北の軍事力がなくなってから、平城天皇及び高丘親王の日本での兵力は皆無だったと考えられる。

兵力の乏しい日本は国民を海外出兵させないで済んだ。しかし嵯峨天皇を譲位させ、淳和即位の道筋をつけたであろう平城（憲徳王）を見殺しにしたことで、淳和が朝廷及び世論の反発を買ったことは間違いない。

●脱落した一年間

「羅紀」には憲徳王の没した八二四年が一年間、脱落している。この年一月、唐では穆宗が没したことになっている。穆宗の長子で皇太子の敬宗《けいそう》が一六歳で即位したが、翌八二五年一二月、宦官らによって暗殺され、ほとんど治世していない。このように唐がまったく政治的機能が働かない時だったから、ましてや外国に介入する余裕がなく、各地で反乱が続出していた。八二四年は「羅紀」から情報を得るわけにはいかず、唐も外国との交渉のない時期だった。

実は八二四年に平城（新羅憲徳王）が没したとするのは、ほとんど日本の史料で、「羅紀」は八二六年一〇月に、唐側の史料では八三一年に没したとある。ただし次の興徳王《こうとく》は八三一年に唐に冊封されている（『元亀』冊封など）から、冊封した年をもって憲徳王が没したとしたのかも知れない。憲徳王が没した八二四年は唐そのものが混乱した時期だから、非常に分かりがたい一年である。

八二四年に憲徳王が暗殺されていたという証明の一つは、同天長元（八二四）年三月二日付で「平城の東大寺において三宝を供する願文　一首」と題して空海が東大寺で行なった願文が残されていることである。

空海は帰朝してから東大寺とは縁を切っていた。にもかかわらず、この時、東大寺で願文を奉じたのは、もともと東大寺が平城天皇や高丘親王と縁のある寺院だったからだ。東大寺は外来系の聖武天皇によって建立され、高丘親王は後年、衰微した東大寺を再興させている。ただし願文の内容は観念的で、何とでも解釈できるので、ここで云々しない。

この年、八二四年三月には憲徳王（平城）が危機にあることを空海が知り、憲徳王の安泰を願って東大寺に願文を奉じたと私は推測する。

「羅紀」の翌八二五年条には、旧百済地方で反乱を起こして殺された金憲昌の息子が謀反を企《たくら》み、平壌を都にしようと北漢山（平壌の南）を攻めたが、またも失敗して殺されたとある。また頭の二つある異常な女の子が生まれ、この時、空から大きな雷があったという。新羅が異常な事態にあったことはわかるが、その具体的意味は判然としない。五月には新羅は唐に朝貢したという。新羅の王室が安定してきた証拠だろう。

翌八二六年七月には浿江長城《ばいこうちょうじょう》（平壌市）を築かせたとあるから、北からの侵略に備えたと思われる。だが、どのような敵の侵略に備えたのかも、肝心な八二四年が欠落しているのでよく分からない。「羅紀」では三カ月後の一〇月に憲徳王は没したとある。次なる王の興徳王は、「憲徳王の同腹の弟」とある。やはり男系ではつながらないので、ここで憲徳王の血脈は途絶えたようだ。興徳王がどの系統の人か分からないが、慶州に王墓（四二代）が残されている最後の人と言われているから、平壌に本拠を置いた宣徳王（桓武以前の慶州の王系の人だった可能性がある。

「羅紀」には、興徳王は文宗《ぶんそう》の即位した八二七年一月に新羅王に冊封されたとあるが、『旧唐書』（本紀）には文宗の太和《たいわ》五（八三一）年四月、新羅王に冊封したとある。正式には『旧唐書』にあるとおり、八三一年かも知れない。しかし八二六（宝暦《ほうれき》二）年一二月に、敬宗が一八歳で中官（宦官か）と酒盛り最中に暗殺された。そこで弟の文宗が即位し、ようやく唐はまともに外政ができるようになったのが翌太和元（八二七）年であることからみて、興徳王は「羅紀」通り八二七年に冊封されたと思われる。

文宗の治世は比較的長く八四〇年まで続いた。文宗は帝位に就く前から勉学に励み、帝位にあっても生存していた憲宗の妃、敬宗の母、自分の母に厚く親孝行をした。そして文宗が即位して最も改革したかったのは、禁中であらゆる政事に口を出し、騒動の元になっている中官を廃すことだった。結局、それもままならず「暴疾」つまり突然、病にかかり四日目に没したという。しかし文宗時代の唐はわずかではあるが、小康を保っていた時代である。

●東寺は平城天皇の追悼寺

新羅憲徳王（平城）が没した八二四年は、一月に穆宗が三〇歳で没したという公表があるなど唐国内も混乱を極めていた年で、唐の史料からも憲徳王の死の真相はつかめない。ただし「羅紀」が憲徳王の没した一年間を抹消しているところからみると、憲徳王が異常な死を遂げたことは間違いないだろう。

憲徳王は日本の平城天皇から新羅王として憲宗に冊封されて、幽閉されていた平城京から新羅に亡命した人である。憲宗の恩を感じ、新羅にいる間、唐側として戦うのは当然のことと言える。一番、考えられるのは唐の王室が混乱し、新羅に政治的介入できない時期に新羅国内の反憲徳王派が内乱を起こし、王を暗殺したということだろう。内乱で親唐派

鎮護国家の寺

東寺の塔頭・観智院でのライトアップ。石庭は空海の船旅を表現しているという。淳和天皇は東寺を空海の道場とし、鎮護国家寺院として格上げした。

写真／共同通信社

の憲徳王を殺せば、普通ならば唐はもちろん新羅を罰し、日本にも影響しただろう。しかしこの時期、八二三年に淳和が即位しても唐は日本に政治的関与をする余裕がなかったくらいだから、新羅の内乱も傍観するしかなかったようだ。

淳和は直接、新羅の憲徳王を救援することを避けたが、国内では格好をつけたと言うべきか。天長元（八二四）年、空海をして旱魃につき、祈雨《きう》の法を神泉苑で修めさせたという。この時、弟子の中に、九尺ばかりの金色の龍が神泉の中にみえたという者がいたそうである。それが六月一七日だが、この日に東寺を空海の道場とし、真言弘伝の本所となし、教王護国寺《きょうおうごこくじ》と号すよう奏聞《そうもん》して勅許されたという。

先に述べたように大同元年、密かに空海が上京した時、平城から東寺を約束された可能性があるし、空海の求めに応じて嵯峨天皇は東寺に僧五〇人を在住させているから、この時、淳和は東寺を鎮護国家寺院として格上げしたということであって、建立したわけではない。

続いて七月七日に大同（平城）上皇崩とある（『帝王編年記』巻十三）。この記録からみて空海が行なった法は祈雨のためではなく、実際はすでに没していると思われるが、憲徳王こと平城の無事を祈願したことに違いない。

淳和が改めて東寺を空海の道場とし、国家的寺院にしたのは新羅憲徳王、かつての平城天皇救援に、日本から出兵しなかったことに対する形ばかりの贖罪《しょくざい》の意を空海に表するためだったと推測される。

平安京には東寺と西寺があったが、現在は東寺しか残っていない。こうしてみると東寺は、空海の建立した平城天皇の追悼寺という性格も併《あわ》せ持った寺院と考えられる。

第四章　空海と三人の天皇

●淳和天皇が縋《すが》った相手

早くも翌天長二（八二五）年二月、右大臣藤原冬嗣が左近衛大将の職を辞する上表文を提出した。淳和天皇は冬嗣の左近衛大将の辞任要求に応ぜず、四月五日に左大臣となし、右大臣には緒嗣を任じた（『紀略』）。その場の空気に敏感な緒嗣も右大臣就任を固辞したが、淳和は応じなかった。すでに『日本後紀』を編纂した冬嗣も緒嗣も淳和に絶望していたのである。

このように淳和朝はその緒についた時から不穏な雰囲気だった。淳和天皇が頼りにするのは五年も前に唐王室を去った霊仙だったらしい。

同天長二（八二五）年一二月、高承祖を大使とする渤海使一〇三人が来日した。この船に霊仙の弟子である渤海僧の貞素が乗っていたらしい。しかし渤海使は朝賀には参列できなかった。おそらく緒嗣らの反対があったのだろう。ただし二月に霊仙の弟妹が阿波《あわ》国の稲千束を賜ったとある。淳和の霊仙に対する期待が想像される。

しかし先を読むに敏な緒嗣は、五台山に去った霊仙が日本にとって、すでに何の役にも立たない存在であることを知っていた。翌天長三（八二六）年三月に、緒嗣は「天長元年一月に渤海使節の入朝は一二年に一度と決めたはずである。今回は霊仙に事寄せて約束を破り来朝した。たび重なる渤海使の来朝は日本にとって負担になる」と上表したが、淳和は聞こうとしなかった。

そして同年五月に渤海大使高承祖らが入京した。この時、高承祖は渤海大使として普通に授けられる正三位に任じられた。彼らが加賀まで帰った時、淳和天皇は次のような国書を渡したという。

「天皇、謹んで渤海王の近況を問う。使節高承祖らは在唐学問僧霊仙の上表と物を転送する目的で来朝した。（渤海の）国王の啓は申し分なく、喜びの気持ちを深くした（後略）」

この淳和の国書を持って同月、高承祖らは帰国の途に就いた。

七月には左大臣の冬嗣が五二歳で没した。冬嗣は寛容で文武の才があり、貧人には私的に施与し、学問所を建て子弟を教育したという、きわめて評判のよい人だったという。冬嗣は平城の近臣でありながら、嵯峨朝に仕えた。空海との接点は記録に残されていないが、正統派の人だけに、その苦悩は深かっただろう。平城朝以来の臣は緒嗣一人になったのである。

●誰が朝廷の実権を握ったか

外国の事情も知らず、すでに過去の人である霊仙に頼ろうとする淳和天皇でも、文宗が即位するまでは唐が外国に介入できなかったから、それで済んだ。しかし八二七年一月に文宗が即位すると、そうはいかなくなる。文宗は淳和朝を認めなかったらしい。

まず同八二七（天長四）年七月から一二月にかけて地震の記述が頻発し、ほとんど地震だけの記録である。地震は天（天皇）に対して地（人民）が動く、つまり民衆の暴動があった場合の暗示である。民衆といっても、具体的な事例が記録されていないので、淳和に対する藤原氏をはじめとする朝廷内部の動揺を言うのだろう。

しかし藤原氏がついに動き出したらしい。同天長四年一一月六日、内裏で狐の鳴き声がしたとある。そこで使者を桓武陵と藤原旅子の陵に遣わして報告したとある。内裏で狐が鳴いただけで、淳和の父母である桓武と藤原旅子の陵に使者を立てるのは当然、理由があるからである。その理由とは、同年一二月二九日に渤海使が王文矩を大使にして但馬に来着することである（『類聚三代格《るいじゆうさんだいかく》』巻一八）。

この八二七（天長四）年の来日の際も、霊仙の使いで渤海僧の貞素が同乗していたらしい。朝廷は渤海使を朝賀に参列させず但馬に留めたままだったらしく、翌天長五（八二八）年二月に「但馬国司が渤海王大仁秀の啓と、朝廷が渤海に渡す中台省（日本の役所名）の牒《ちょう》の試案を進上した」とある。朝廷は渤海使を上京させず、天皇の勅書も渡さず、「中台省の牒」という官僚の文書を但馬国司から渤海使に渡したのである。四月二八日、朝廷は渤海大使王文矩らに絹や綿を与えたとあるから、この時まで渤海使は但馬に滞在していたらしい。いずれにしても、かつてないほど朝廷が渤海使を侮蔑した処遇をしたことは間違いないのである。

頼みの霊仙は上述したように、八二八年以前にすでに殺害されており、淳和朝は唐への手がかりをまったく失っている。それを自覚せず、渤海を侮蔑した。淳和は外国からも朝廷からも完全に孤立した。しかし淳和を譲位させる大義名分はなかった。

天長七（八三〇）年一月に皇后（淳和后正子《まさこ》か）が嵯峨太上天皇に拝謁したとあって以後、『類史』は天皇を「皇帝」と表記している。『弘法大師御伝（上）』などによると、嵯峨大后（橘嘉智子《たちばなのかちこ》）も淳和皇后（嘉智子の娘、内親王正子）も熱烈に空海を尊崇し、共に灌頂を受けているという。

嵯峨上皇と皇后父娘の間でどのような話し合いがあったかは不明で、『類史』がこの時期に皇帝と表記した真意も明らかにできない。

しかし、この頃から嵯峨上皇の権威が高まったようである。次の仁明天皇は嵯峨上皇の二子、母は橘嘉智子であるところからみても、淳和が不評なため、次第に嵯峨上皇が朝廷で重きをなすようになったのではないかと推測する。つまり淳和朝の後半は嵯峨上皇が実権を握ったとみる。

このような状態の時、天長八（八三一）年五月一四日、大僧都空海が上表し、淳和がそれに答えたとある。『弘法大師行化記』によって、病のため大僧都を辞するという内容だったことが分かるが、内容はともかく、ここで空海は自ら大僧都を辞して、淳和に譲位の引導を渡す意図だったと推量する。したがって淳和が空海の辞任を留めたという記録もない。

淳和が仁明に譲位したのは、それから二年足らず後の天長一〇（八三三）年二月のことだった。

●空海の入寂

空海は東寺を完成させ、天長一〇（八三三）年から高野山に常住するようになった。同天長一〇年二月には淳和が譲位して仁明天皇が即位している。

翌承和《じようわ》元（八三四）年一月には遣唐大使に藤原常嗣《つねつぐ》（継）、副使に小野篁《たかむら》が決まり、遣唐使を派遣することに決まった。常嗣はかつての遣唐大使で空海と交遊のあった葛野麻呂の息子である。日本と唐は新しい関係に入ろうとしていたのである。実質的には最後になる、この遣唐船には延暦寺の僧、円仁《えんにん》も乗っていた。そして霊仙の役目を果たす僧侶も同乗していた。

この年、九月初めに空海は自らの墓所を定めた。そして翌承和二（八三五）年一月に東寺の今後について最後の上表をした。同時に東寺に住んでいた高丘親王は、平城京周辺の四十余町を賜った。おそらく高丘は仁明即位に際して唐の承認を得るために尽力し、あわせて遣唐使派遣のお膳立てをしたのだろう。この莫大な高丘への下賜は唐に承認させた仁明即位の論功行賞と思われる。

思い残すことのなくなった空海は、最後に上表した同年一月より飲食を断ち、三月一五日に僧尼に対してさまざまな遺言をし、三月二一日に結跏趺坐《けつかふざ》したまま没した（『空海僧《くうかいそう》都伝《ずでん》』・『帝王編年記』巻十三など)。

思えば仁明天皇が即位して新しい時代に入り、空海が日本国に貢献した時代は終わった。空海は死ぬべき時を自覚していたのだ。

平城天皇はその出自と育ちから、空海は広い知識と視野で、当時の東アジアにおける日本の立ち位置を正確に把握していた。その点で二人は生涯を通じての盟友だった。

空海は観念論者ではなく、政治的能力のある人だった。したがって政僧という面は確かにある。しかしその行為の中心には一仏教徒らしく、慈悲の観念、あるいは現代的に言えば人類愛が脈々と流れており、僧侶としての立身出世を超越した人だった。東アジアの政治的激流の中を、ただひたすら戦乱に巻き込まれる人々の安寧のため、治世の安定のために生きた。そして皇位の交代による国民の犠牲を最小限に留めた実行力のある高僧であった。

平安時代も中期に近づくと、時代は空海のような国際的に通用する僧侶は必要としなくなったのである。

後記

『帝王編年記』は神武天皇から始まっているが、平城天皇と陽成《ようぜい》天皇の間の嵯峨・淳和・仁明・文徳《もんとく》・清和《せいわ》天皇の五代が抜けている。この五代が抜けている理由は、いずれも高丘親王が絡んでおり、日本僧を通じて、唐の皇帝、あるいは宦官などによって承認を受け、即位した天皇だからである。

清和天皇の貞観三（八六一）年、高丘親王（真如上人）は日本を去るが、真相は藤原良《よし》房《ふさ》ら朝廷によって追放されたのである。唐は滅亡近くになっても高丘親王を仲介にして、日本に政治的介入は続けていたのだ。しかし天皇の交代には関与したが、この時代になると唐の日本国全体に及ぼす影響はほとんどなくなっていた。

高丘親王はその後、唐国で客死した。

この後、淳和朝から何十年と経ないうちに吐蕃の勢力は弱まり、チベット高原に逼塞《ひっそく》して現在に至る。回鶻は西方に去ってイスラム教化した。南詔は雲南に帰った。やがて唐も新羅も滅び、渤海も契丹《きったん》に滅ぼされた。それぞれの国はヨーロッパの中世時代のように小さく個別化したのである。このようになった東アジアの状態とヨーロッパ中世の時代が合致するのは偶然だろうか。

孤立した日本は万世一系を標榜《ひょうぼう》して、平安時代という独特の文化を持った国に変化した。それが鎌倉・南北朝・戦国・江戸時代と続いて現在に至るのである。

紀元前に始まる民族の流入から、古墳時代までの為政者の侵入、そして平安時代初期に至るまでの唐の政治的介入が終わろうとした時、私の日本古代史も終わる。

あとがき

私が日本古代史に興味を持ったのは高校時代に始まる。古代史のレポートを提出した時、レポートについての教師の評は、日本の古代が中国の影響を強く受けているという私の意見は賛成しがたいということだった。

中国は五〇〇〇年もの歴史を持つが、最盛期は紀元前後の三〇〇年、つまり漢代と言われている。この頃の日本は弥生時代から古墳時代である。いわば日本の黎明《れいめい》期にあたり、神話時代であっても、まだ歴史学の範疇《はんちゅう》に入らず考古学の対象でしかない。中国の周辺に位置する日本が、古代に遡《さかのぼ》るほど、民族の移住と共に中国や東南アジアからの影響をもろに受けないはずはないのである。

この信念は今も変わらない。その信念の出所は子供の頃、満州から引き揚げた引揚者の体験が尾を引いているのかも知れない。ただし同じ引揚者でも、このような考えを持たない人も多いから絶対とは言えない。私は日本古代史を知るには、まず周辺先進国の中国史を知らなければならないと大学では東洋史を専攻した。しかし中国史の部分的な講義を受けても日本古代史とはまったく関連づけられないし、関連づける意思のない研究ばかりだった。東洋史＝中国史で、周辺への広がりを持たない史観なのである。もっと東西を横断し、南北を縦断する広い史観を持たなければ日本古代史の真相は摑めない。

そこで日本オリエント学会に入って、少しずつ江上波夫《えがみなみお》氏らの中央アジアの研究などから手ごたえを感じるようになった。宮内庁書陵部に所蔵されていた貴重な日本史の史料も参考にした。しかし中央アジアの史料はほとんど中国の文献に依存しており、西アジアは考古学的所見が断片的に知られるだけで、日本と重要な関わりのあるササン王朝史の通史さえ日本では出版されていない。もっと西・中央アジアに関する知見があれば、私説に説得力があったのにと残念に思っている。

このように私個人の力量には限界がある。後世の人々が訂正、発展させてくださるのを切に期待する。

現代思潮社（現在は現代思潮新社）から出版した一九八七年の『白村江の戦いと壬申の乱』に始まった私の古代史観は、一世紀前後から九世紀に至り、本書が最後になった。

史料を後世に残した人々、そしてその史料の解説や翻訳、または考古学という地味な仕事に生涯を賭けた人々がいなかったら、私の古代史は存在しなかった。最後になったが先達の方々に厚く御礼申し上げる。

今日まで、私の著書はあまりに日本史の常識とかけ離れているので、特に日本古代史の専門家からは一顧だにされていない。

「しろうと」の説は相手にせずというのだろうが、私に言わせれば日本古代史専門家の歴史認識は日本中心に偏《かたよ》りすぎている。したがって神話的に脚色されている『日本書紀』や『古事記』を歴史学に転置することができないのだ。そこが中世史以後の日本の史書だけで成立する日本史と根本的に違うという認識に欠ける、と言わざるを得ない。ただしいつの日か、誰かが私の説を評価してくれる。評価してくれる人々は『記紀』をインプットした日本古代史研究家ではなく、おそらく外国人だろう。そう確信している私はさして苦にはしていない。むしろ戦時中のように検閲にもかかからず、私説を曲げることなく天皇家の興亡に関わる出版ができる現在に生きていることを幸せに感じている。

私の説を評価する人は日本史専門家以外の門外漢しかいないにもかかわらず、歴代の担当編集者に励まされながら、ここまできた。今、考えれば、常識とはかけ離れた私説なのに、出版に関して私はろくに苦労はしていない。それどころか、担当編集者の方々に公私にわたってお世話になりながら二〇年以上も書きたいことを書きたいまま、何の制約も受けず、楽しく書きつづけられた。このたび、祥伝社から出版したのは一連の『万葉集』関係の本を含めて五冊目だが、すべて編集は岡部康彦氏のお世話になった。祥伝社、また装幀や校正に携《たずさ》わった人々、読者の方々、すべての方々に厚く感謝申し上げる。

なお文藝春秋から出版した一〇冊は二〇年以上経ったものもあり、すべてが絶版になっているが、そのうち通史を除いた九冊の改訂版を本年七月から現代思潮新社より漸次、年代順に出版する予定である。この九冊は一世紀前後に始まり、八世紀末に終わる。そして最後の一冊から祥伝社の『桓武天皇の謎』につながるので、通して読めば世紀ごとに、どのように日本が形成されたかという私説古代史の全過程を理解していただけるものと期待している。

小林惠子

二〇一一年六月

【引用文献】

『漢書』班固撰　八二年頃　中華書局　一九七五年版
『後漢書』范曄撰　四三二年頃　中華書局　一九六五年版
『晋書』房玄齢等撰　六四八年　中華書局　一九七四年版
『宋書』沈約撰　五〇二年　中華書局　一九七三年版
『旧唐書』劉昫等撰　九四五年　中華書局　一九七五年版
『新唐書』欧陽脩等撰　一〇五八年　中華書局　一九七五年版
『資治通鑑』司馬光　一〇八四年　宏業書局　一九六七年版
『冊府元亀』王欽若等編　一〇一三年　台湾中華書局　一九六一年版
『全唐文』一八〇八年　上海古籍出版社　一九九五年版
『宋高僧伝』賛寧撰　九八八年　中華書局　一九八七年版
「春秋潜潭巴」『緯書集成』巻四下（春秋下）楊喬嶽　明代　中村璋八編　平成四年版
『三国史記』「新羅本紀」金富軾編　一一四五年　国書刊行会　昭和四八年版
『続日本紀』藤原継縄・菅原眞道撰　七九七年　国史大系　吉川弘文館　昭和四九年版
『日本後紀』藤原緒嗣・冬嗣等撰　承和八（八四一）年　国史大系　吉川弘文館　昭和四九年版

『続日本後紀』藤原良房撰　貞観一一（八六九）年　国史大系　吉川弘文館　昭和四九年版
『日本三代実録』（前・後編）　藤原時平等撰　延喜元（九〇一）年　国史大系　吉川弘文館　昭和五一年版
『類聚国史』一・二・三・四　菅原道真撰　寛平四（八九二）年　国史大系　吉川弘文館　昭和五四年版
『日本紀略』一・二・三　著者不明　一〇三六年までに成立　国史大系　吉川弘文館　昭和五四年版
『類聚三代格』（前・後編）　選者、年代ともに不明　国史大系　吉川弘文館　昭和四九年版
『延喜式』（前・中・後編）　藤原忠平等撰　延長五（九二七）年　国史大系　吉川弘文館　昭和五四年版
『政事要略』（前・中・後編）　成立年代、編者いずれも確定せず　国史大系　吉川弘文館　昭和四九年版
『帝王編年記』編者不明　一四世紀　国史大系　吉川弘文館　平成十一年版
『公卿補任』一三世紀前半　国史大系　吉川弘文館　昭和五一年版
『八幡宇佐宮御託宣集』神吽著　一三一三年　重松明久編　現代思潮新社　昭和六一年版
『平安遺文』竹内理三編　東京堂出版　昭和五五年版
『文華秀麗集』日本古典文学大系六九　岩波書店　昭和四六年版
『東宝記』（三・仏法下）　著者不明　『続々群書類従』十二　宗教部　続群書類従完成会　昭和六〇年
『入唐求法巡礼行記』円仁著　同右

『聖徳太子伝暦』巻上　平氏撰　平安時代初期　『続群書類従』八輯上　続群書類従完成会　昭和五八年
『如是院年代記』編者不明　中世　『群書類従』二六輯　続群書類従完成会　昭和五八年
『東寺王代記』編者不明　中世　『続群書類従』第二九輯下　続群書類従完成会　昭和五七年
『橘逸勢伝』『群書類従』八輯上　同右
『頭陀親王入唐略記』『群書類従』八輯上　同右
『空海僧都伝』眞済記　承和二（八三五）年一〇月　『続群書類従』　八輯下　同右
『弘法大師御伝』上・下　同右
『弘法大師行化記』同右
『弘伝略頌抄』道範編　文暦元（一二三四）年　同右
『三教指帰』上・中・下　延暦一六（七九七）年一二月
勝又俊教編『弘法大師著作全集』三巻　昭和五十年八月版　山喜房佛書林
『遍照発揮性霊集』一〜七　三巻　同右
『高野雑筆集』上・下　三巻　同右
『拾遺雑集』三巻　同右
『平城天皇灌頂文』二巻　同右

【主な参考文献】

森田　悌『日本後紀』上・中・下　講談社　二〇〇六年　一〇月
足立喜六訳注　塩入良道補注『入唐求法巡礼行記』一・二　東洋文庫四四二　平凡社　一九八八年八月
鎌田茂雄『中国仏教史・六巻　隋唐の仏教』（下）　東京大学出版会　一九九九年一月
森部　豊『ソグド人の東方活動と東ユーラシア世界の歴史的展開』　関西大学出版部　二〇一〇年三月
斎藤　忠『中国五台山竹林寺の研究』第一書房　一九九八年六月
佐伯有清『高丘親王入唐記』吉川弘文館　二〇〇二年十一月

一〇〇字書評

切・り・取・り・線

購買動機（新聞、雑誌名を記入するか、あるいは○をつけてください）	
□（　　　　　　　　）の広告を見て	
□（　　　　　　　　）の書評を見て	
□ 知人のすすめで	□ タイトルに惹かれて
□ カバーがよかったから	□ 内容が面白そうだから
□ 好きな作家だから	□ 好きな分野の本だから

●最近、最も感銘を受けた作品名をお書きください

●あなたのお好きな作家名をお書きください

●その他、ご要望がありましたらお書きください

住所	〒				
氏名		職業		年齢	
新刊情報等のパソコンメール配信を 希望する・しない	Eメール	※携帯には配信できません			

あなたにお願い

この本の感想を、編集部までお寄せいただけたらありがたく存じます。今後の企画の参考にさせていただきます。Eメールでも結構です。

いただいた「一〇〇字書評」は、新聞・雑誌等に紹介させていただくことがあります。その場合はお礼として特製図書カードを差し上げます。

前ページの原稿用紙に書評をお書きの上、切り取り、左記までお送り下さい。宛先の住所は不要です。

なお、ご記入いただいたお名前、ご住所等は、書評紹介の事前了解、謝礼のお届けのためだけに利用し、そのほかの目的のために利用することはありません。

〒一〇一－八七〇一
祥伝社黄金文庫編集長　吉田浩行
☎〇三（三二六五）二〇八四
ohgon@shodensha.co.jp

祥伝社ホームページの「ブックレビュー」からも、書けるようになりました。
http://www.shodensha.co.jp/bookreview/

祥伝社黄金文庫

空海《くうかい》と唐《とう》と三人《さんにん》の天皇《てんのう》

平成27年3月20日　初版第1刷発行

著　者　小林恵子《こばやしやすこ》

発行者　竹内和芳

発行所　祥伝社《しょうでんしゃ》

〒101－8701

東京都千代田区神田神保町3－3

電話　03（3265）2084（編集部）

電話　03（3265）2081（販売部）

電話　03（3265）3622（業務部）

http://www.shodensha.co.jp/

印刷所　錦明印刷

製本所　ナショナル製本

Printed in Japan　© 2015, Yasuko Kobayashi　ISBN978-4-396-31658-7 C0195

祥伝社黄金文庫

小林恵子《やすこ》
本当は怖ろしい万葉集
天武天皇、額田王、柿本人麻呂……秀歌に隠されていた古代史の闇が、今、明らかに――。

小林恵子《やすこ》
本当は怖ろしい万葉集〈壬申の乱編〉西域《シルクロード》から来た皇女
大津皇子処刑の真相と、殉死した妃の正体が今、明かされる……。大人気シリーズ、待望の第二弾。

ひろさちや
空海と密教
空海も迷い、悩んだのか？　高野山開創千二〇〇年に、弘法大師の生涯をたどり、生き方を学ぶ。

吉田明乎《あきこ》
高野山に伝わるお月さまの瞑想法
真言密教の瞑想法「阿字観」を現代の女性向けにアレンジ。日々のストレスが浄化され、心穏やかになれます。

百瀬明治
高野山　超人・空海の謎
藤原道長や秀吉が目指した聖地・高野山。彼らは何を求めたのか？　空海が味わった挫折と復活の真相。

三浦俊良《しゅんりょう》
東寺《とうじ》の謎
五重塔、講堂、不開門《あけずの》……いたるところに秘史と逸話が隠れている。古いものが古いままで新しい！

祥伝社黄金文庫

泉 三郎
岩倉使節団 誇り高き男たちの物語
岩倉具視《いわくらともみ》、大久保利通、木戸孝允、伊藤博文——国の命運を背負い、海を渡った男たちの一大視察旅行を究明！

井上宗和
日本の城の謎（上）築城編
なぜ秀吉は城攻めの天才と呼ばれるのか、なぜ名城には人柱《ひとばしら》伝説があるのか……名将たちの人間ドラマ。

井上宗和
日本の城の謎（下）攻防編
なぜ江戸城は世界最大の城といわれるのか、なぜ清正《きよまさ》は鉄壁の石垣を築いたのか……武将の攻防の裏面史。

井上宗和
日本の城の謎 番外・伝説編
家康を呪い続けた〝金の鯱《しゃち》〟、切支丹《キリシタン》の怨みのこもる原《はら》城……名城に残る伝説に、隠された歴史の真相が！

氏家幹人
これを読まずに「江戸」を語るな
春画のアソコはなぜ大きい？ 切腹の信じられない作法！ 江戸時代の色道と、武士道のトリビアもいっぱい！

加来耕三
日本史「常識」はウソだらけ
仰々しい大名行列は、実はなかった⁉ 「まさか」の中に歴史の真相が隠されている。日本史の「常識」を疑え！

祥伝社黄金文庫

桐生 操　知れば知るほど残酷な世界史

虐殺、拷問、連続殺人……なぜ「他人の不幸」は覗き見したくなる？　お食事中の「ながら読み」は危険です。

楠戸義昭　京都の旅　醍醐寺の謎

秀吉が死の直前に開いた「醍醐の花見」。なぜ醍醐寺で、なぜその時期に？　数々の謎を解き明かす。

邦光史郎　日本史の旅　法隆寺の謎

左右対称でない回廊、金堂になぜ本尊が三体あるのか……？　謎、謎、謎に包まれた世界最古の木造建築に挑む。

邦光史郎　日本史の旅　飛鳥《あすか》の謎

なぜ不毛の地・飛鳥《あすか》に王宮が造られ、文明が生み出されたのか？　初めて明かされる飛鳥時代の意外史。

邦光史郎　義経《よしつね》の謎

突如として歴史の舞台に登場、わずか十年足らずの活躍でその生涯の幕を閉じた源義経。悲劇の英雄の新たな謎。

邦光史郎　『古事記』の謎

高天原《たかまがはら》はどこにあったのか？　八岐《やまた》のおろちは何を意味するのか？　難解な『古事記』をわかりやすく解説。